KB260654

한국어 능력시험

s-TOPIK 실전문제집

한 번에 패스하기

중급 1교시

표현

어휘 및 문법·쓰기

권지영 어엽정 진은영 천성옥 최이슬 공저

세계 속으로

(주) 한글파크

www.langpl.com

■ 저자 소개

권지영 오윤정 진은영 천성옥 최이슬 공저
이화여자대학교 국제대학원 한국학과 TOPIK 연구회

S-TOPIK 한 번에 패스하기 – 중급 1교시
(표현 영역: 어휘 및 문법 · 쓰기)

초판발행_ 2010년 5월 14일
초판 2쇄_ 2011년 8월 10일

지은이_ 권지영·오윤정·진은영·천성옥·최이슬
펴낸이_ 엄호열
펴낸이_ 엄태상
펴낸곳_ 랭기지플러스 〈한글파크〉
편집장_ 권이준
책임편집_ 나정윤
표지디자인_ 신영미
등록일자_ 2000년 8월 17일
등록번호_ 1-2718호
주소_ 서울시 종로구 원남동 13
전화_ 도서 내용문의 (02) 764-1009
      도서 주문문의 (02) 3671-0582
팩스_ (02) 3671-0500
홈페이지_ http://www.langpl.com
이메일_ info@langpl.com

ISBN 978-89-5518-863-9 14710
      978-89-5518-862-2 (set)

한국어의 위상이 점점 높아지면서 한국어능력시험의 응시자도 매년 늘어나고 있는 추세이다. 이에 따라 수험 대비서도 속속 출판되고 있으나 시험을 준비하는 학습자들이 자신에게 맞는 적절한 문제집을 고르기란 쉽지 않은 일이다.

본 대비서는 이러한 학습자들의 고민을 해결하기 위해 교육현장에서 실제로 접한 많은 수험생들의 입장에서 생각하고 그들의 눈높이에 맞춘 실용적이고도 효율적인 수험 대비서가 되었으면 하는 바람으로 저자들이 오랜 기간 심혈을 기울여 만들어낸 결과물이라고 하겠다.

본 대비서의 가장 큰 특징이라면 한국교육과정평가원의 한국어능력시험(TOPIK) 10회에서 15회까지의 기출문제를 유형별로 철저히 분석한 수험 정보를 제공하고 있다는 것이다. 특히 최근의 출제경향을 한눈에 파악할 수 있도록 출제 빈도를 표로 제시하였기 때문에 이를 활용하여 개인적 특성이나 상황에 따라 취약한 부분을 보완하고 수험대비 전략을 확실하게 세울 수 있게 하였다.

문제 유형표에는 한국어능력시험(TOPIK)의 출제기준에 맞게 어휘 및 문법, 쓰기, 듣기, 읽기 영역의 각 문항에 따른 주제, 텍스트, 문항의 유형과 문제의 난이도를 표기함으로써 문제에 대한 신뢰도를 높였다. 이러한 분석 정보는 비단 수험생뿐만 아니라 현장의 교사들에게도 교수목표나 방법설정에 있어서 많은 도움이 될 것이라고 생각한다.

또한 한국어능력시험(TOPIK)에 출제되는 문제의 모든 유형을 분류하여 기출과 실전문제를 나란히 배치함으로써 학습자들로 하여금 문제 유형에 대한 이해를 도울 수 있도록 하였고, 문제마다 상세한 풀이 전략과 실전문제의 새 어휘에 대한 의미와 설명을 제시함으로써 사전을 다시 찾아야 하는 번거로움을 피하고 문맥에 맞는 의미를 유추할 수 있는 능력을 기를 수 있게 하였다.

실전 문제는 한국어능력시험(TOPIK) 기출문제 10회에서 15회까지의 어휘와 문법항목을 면밀히 분석한 자료를 토대로 구성하였으며 출제문제와 동일한 유형의 실전 모의고사를 어휘 및 문법과 쓰기는 각 3회, 각 2회와 유형별 연습문제를 추가로 제시하여 실제로 시험시간에 맞추어 문제를 풀어보게 함으로써 학습자 스스로 시험을 대비하여 충분한 실전연습을 할 수 있도록 만든 교재라고 할 수 있다.

끝으로 본 대비서가 한국어 실력을 키우고 토픽을 준비하며 새로운 미래를 꿈꾸는 많은 한국어 학습자들에게 실질적인 도움이 될 수 있기를 희망하는 바이다.

저자 일동

차례

1교시 표현 영역

한국어능력시험
중급

어휘 및 문법

본 대비서는 '한국어능력시험(TOPIK, Test of Proficiency in Korean)' 10회에서 15회까지의 기출문제를 분석하여 유형별로 상세한 풀이전략과 함께 실전문제를 배치함으로써 각 유형별 문제의 특성을 충분히 파악할 수 있도록 하였다. 또한 실전과 동일한 유형의 모의고사 3회를 제공하여 TOPIK을 준비하는 학습자들이 충분한 실전 대비 연습을 할 수 있게 하였다. 본 교재의 특징은 다음과 같다.

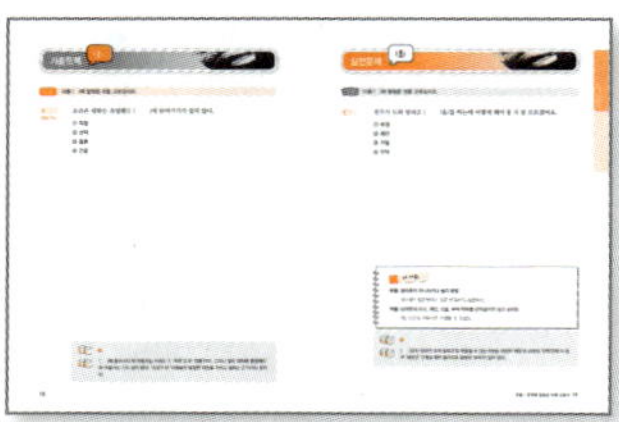

❶ 유형별 기출문제와 실전문제 2회 배치

– 각 유형 별로 기출문제와 실전문제를 동일하게 2회씩 배치하여 유형별 특성을 파악하고 문제연습을 충분히 할 수 있도록 하였다.

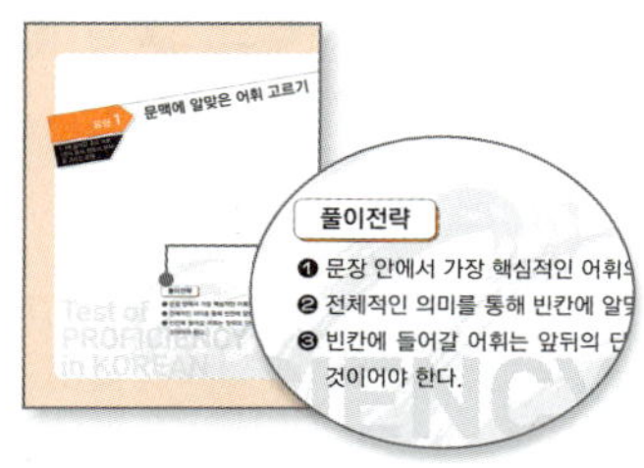

❷ 유형별 풀이전략 제시

– 각 유형의 특성을 고려한 풀이전략을 제시하여 문제를 쉽게 풀 수 있도록 하였다.

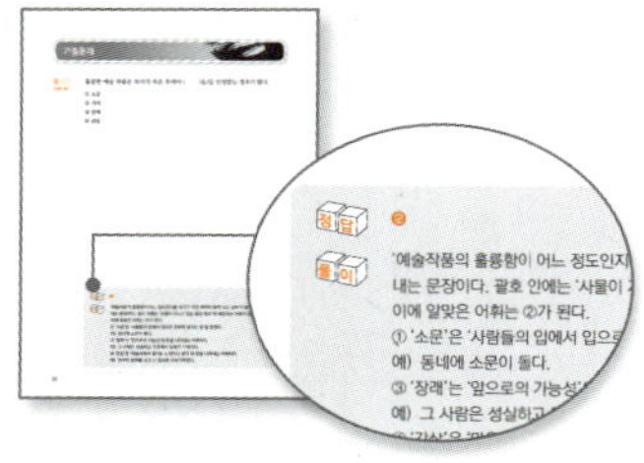

❸ 각 문제별 풀이요령 제시

– 각 문제별로 자세한 풀이요령을 제시하여 문제를 이해하기 쉽도록 하였다.

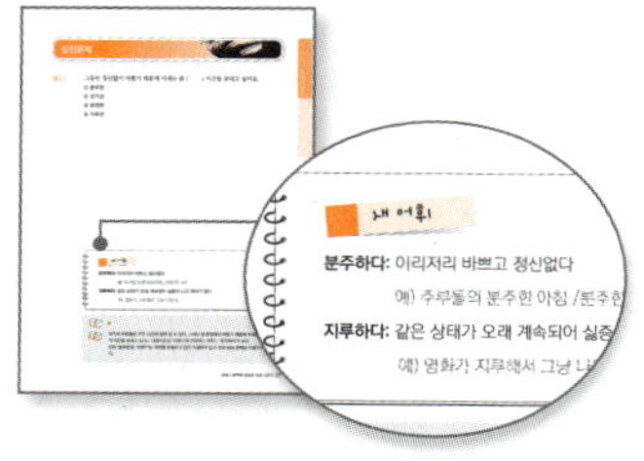

❹ 기출문제에 출제되지 않은 새 어휘 설명

– 10회부터 15회까지 출제되지 않은 새 어휘의 의미를 설명하여 문제풀이를 돕도록 하였다.

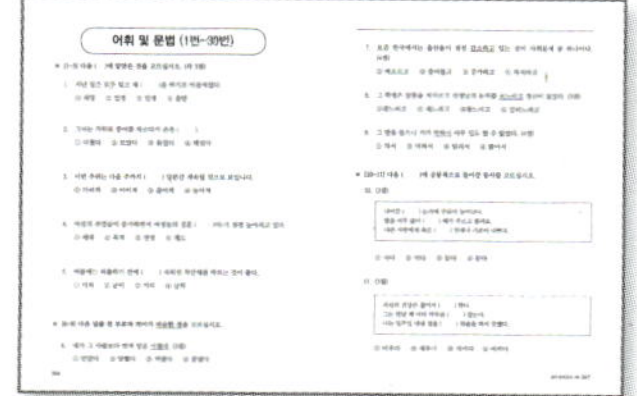

❺ 실전 모의고사 3회 배치

– 실전과 동일한 모의고사를 배치하여 충분한 실전연습을 할 수 있게 하였다.

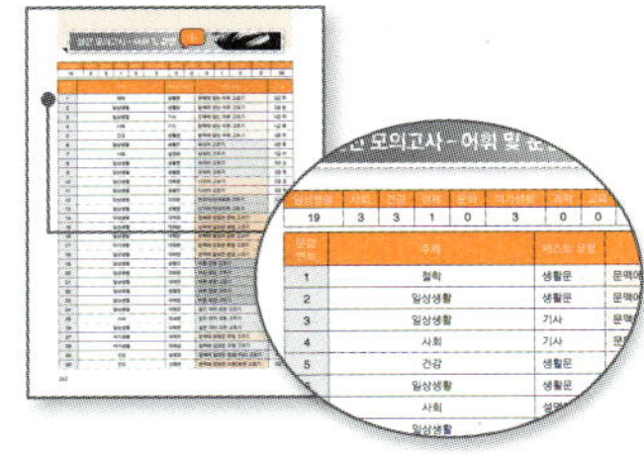

⑥ 문항 유형과 주제 및 텍스트 유형표 제시

– 실전 모의고사에 따른 문제의 유형과 주제(듣기, 읽기-소주제로 분류) 및 텍스트의 유형을 상세하게 제시하여 문제의 흐름을 한 눈에 파악할 수 있도록 하였다.

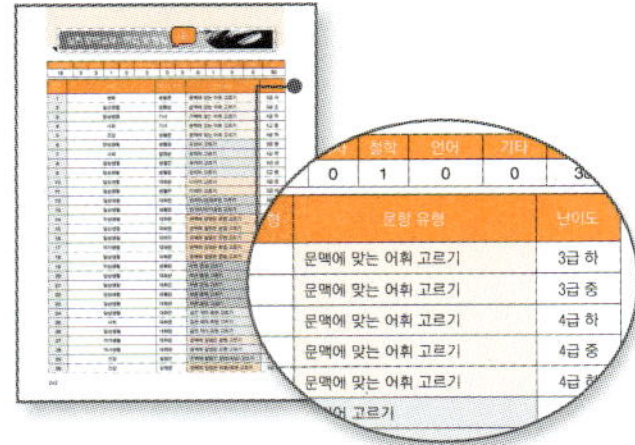

⑦ 실전 모의고사 문제별 난이도 제시

– TOPIK의 출제경향에 맞춘 중급 어휘와 문법 표현을 기준으로 한 실전 모의고사의 문제별 난이도를 분류하여 제시하였다.
– 3급 상, 중, 하/4급 상, 중, 하로 분류
 (참조: 한국어 학습용 어휘 선정 보고서, 조남호/한국교육과정평가원)

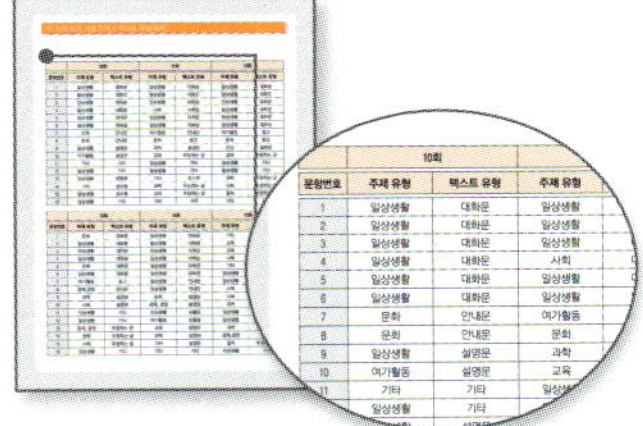

⑧ TOPIK 출제경향 철저분석

– 10회부터 15회까지의 기출문제에 문항 유형과 주제, 텍스트 유형 등의 출제경향을 철저히 분석하여 표로 제시함으로써 TOPIK 시험에 대한 흐름을 파악할 수 있도록 하였다.

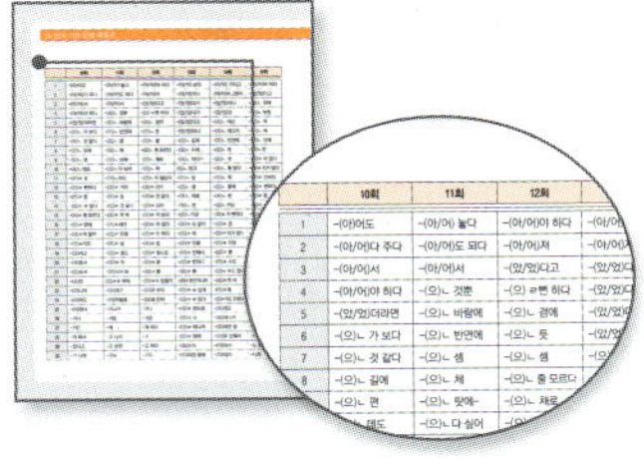

⑨ 실전문제 출제 기준

– 10회부터 15회까지의 기출문제에서 출제된 어휘와 문법항목을 철저하게 분석한 자료를 토대로 실전문제를 구성하였다.

1	평가 개요
2	문항 유형 분석
3	출제 경향 분석표 (문항 유형, 주제 유형, 텍스트 유형)
4	유형별 기출 및 실전 문제 – 2회

한국어 능력시험 평가 영역별 배점표

평가 영역		배점
표현 영역	어휘 및 문법	100
	쓰기	100
이해 영역	듣기	100
	읽기	100
계		400

평가 개요

구분	내 용
목표	– 공공시설의 자유로운 이용과 사회적 관계 유지에 필요한 언어 기능을 수행할 수 있다. – 공식적 상황과 비공식적 상황에서의 언어를 구분해서 사용과 표현이 가능하다. – 일반적인 업무 수행에 필요한 기능을 어느 정도 수행이 가능하다. – 뉴스, 신문 기사 중 비교적 일반적인 내용을 이해할 수 있다. – 일반적인 사회적, 추상적인 소재를 비교적 정확하고 유창하게 이해하고 사용할 수 있다. – 자주 사용되는 관용적 표현과 대표적인 한국 문화에 대한 이해를 기본으로 사회 문화적인 내용을 이해하고 사용이 가능하다.
기준	– 감정이나 상태를 표현하는 일반적인 어휘의 올바른 사용 – 업무나 사회 현상과 관련한 기본적인 어휘의 올바른 사용 – 비교적 복잡한 의미를 가진 조사 및 연결어미의 올바른 사용과 이해 – 간접 화법, 사동과 피동, 보조동사 등의 올바른 사용 – 자주 접하는 추상적인 어휘의 올바른 사용 – 신문 기사나 뉴스에 자주 등장하는 한자어와 업무 관련 어휘의 올바른 사용 – 다소 복잡한 맥락을 서술할 때 필요한 문법 표현의 올바른 사용과 이해
유형	설명문, 기사: 정보 이해 및 전달을 위한 텍스트 주장하는 글: 비판적 분석과 설득을 위한 텍스트 생활문: 정서나 감정을 표현하기 위한 텍스트 대화문: 한국어교육을 위한 텍스트
주제	일상생활: 교통 및 교통수단, 직장 및 사회생활, 가족, 병원, 기타 사회: 일반적인 사회 현상, 법, 제도, 국제, 정치, 기타 경제, 경영: 경제적 현상, 쇼핑 과학: 환경, 발견, 발명, 기타 교육: 학습, 언어생활 문화: 행사, 한국음식 , 기타 여가활동: 여행 및 취미

문항 유형 분석

구분	문항 유형 (문제번호)	내 용
❶	문맥에 알맞은 어휘 고르기 (1~5)	– 문맥에 알맞은 주요 어휘(부사, 형용사, 동사, 명사)를 고르는 문제이다. – 한 문장으로 구성된 서술문의 전체적인 의미를 파악하고, 빈칸에 알맞은 어휘를 고르는 문제이다.
❷	유의어 고르기 (6~9)	– 주어진 문장 안에 제시된 어휘와 의미의 차이 없이 바꾸어 쓸 수 있는 것을 고르는 문제이다. – 한 문장의 서술문으로 구성되며, 문맥 안에서 밑줄 친 부분과 의미가 비슷한 것을 고르는 문제이다.
❸	다의어 고르기 (10~11)	– 제시된 세 개의 문장에 공통적으로 들어갈 다의어를 고르는 문제이다. – 세 개의 서술문에 들어가는 공통적인 어휘를 맞추는 문제로, 형태는 같지만 의미는 다른 세 가지의 동사를 고르는 문제이다.
❹	반의어/ 반의표현 고르기 (12~13)	– 주어진 문장 안에 제시된 어휘와 반대되는 어휘를 고르는 문제이다. – 한 문장으로 된 서술문으로 구성되며 비교적 쉬운 어휘가 제시되고, 선택지의 반대 의미를 가진 어휘가 평가항목이 되는 문제이다.
❺	문맥에 알맞은 문법 고르기 (14~18)	– 문맥에 맞는 문법적인 문장이 되도록 빈칸에 알맞은 조사, 종결어미, 연결어미 등을 고르는 문제이다. – 한 문장의 서술문이나 독백 또는 대화문으로 제시되며 연결어미를 제외한 주요 문법 사항을 묻는 문제이다.
❻	바른 문장 고르기 (19~23)	– 문장 안에서 문법이 바르게 쓰인 것을 고르는 문제로 문장의 전체적인 의미를 이해하고 문법 형태나 어휘 등의 표현이 맞게 쓰인 것을 고르는 문제이다. – 서술문으로 된 네 개의 보기 중에서 문법적인 오류가 없는 문항을 고르는 문제이다.
❼	같은 의미 표현 고르기 (24~26)	– 밑줄 친 표현과 의미의 차이 없이 바꾸어 쓸 수 있는 문법을 고르는 문제이다. – 한 문장이나 대화문으로 구성되며 주요 조사 및 연결어미 등의 주요 문법 사항을 묻는 문제이다.
❽	문맥에 알맞은 어휘/문법 고르기 (27~30)	– 4~5문장의 서술문이나 2,3회의 대화문으로 구성된 대화문이 제시되고 맥락에 맞는 어휘, 문법을 묻는 문제이며 어휘와 문법이 한 세트가 되는 문제이다. – 마지막에는 주어진 제시문 안에 들어가는 일반적으로 많이 쓰는 속담을 고르는 문제가 포함된다.

출제 경향 분석표

문항 유형	10회	11회	12회	13회	14회	15회	합계
문맥에 알맞은 어휘 고르기	5	5	5	5	5	5	30
유의어 고르기	4	4	4	4	4	4	24
다의어 고르기	2	2	2	2	2	2	12
반의어/반의표현 고르기	2	2	2	2	2	2	12
문맥에 알맞은 문법 고르기	5	5	5	5	5	5	30
바른 문장 고르기	5	5	5	5	5	5	30
같은 의미 표현 고르기	3	3	3	3	3	3	18
문맥에 알맞은 표현 고르기	2	2	2	2	2	2	12
문맥에 알맞은 어휘/표현 고르기	1	1	1	1	1	1	6
문맥에 알맞은 문법(속담) 고르기	1	1	1	1	1	1	6
총 문항 수	30	30	30	30	30	30	180

주제	10회	11회	12회	13회	14회	15회	합계
일상생활	25	25	24	18	23	21	136
사회	–	–	2	–	–	1	3
건강	1	2	–	3	2	3	11
경제, 경영	2	2	2	7	1	3	17
문화	–	1	–	1	1	–	3
여가 활동	–	–	2	–	1	–	3
과학	–	–	–	–	–	1	1
교육	2	–	–	–	–	–	2
철학	–	–	–	1	2	1	4
언어생활	–	–	–	–	–	–	–
기타	–	–	–	–	–	–	–
총 문항 수	30	30	30	30	30	30	180

텍스트 유형	10회	11회	12회	13회	14회	15회	합계
일상생활 대화	29	26	24	18	25	26	148
인터뷰와 대담	–	–	–	–	–	–	–
뉴스, 기사, 보도문	–	1	–	1	2	–	4
교양, 오락, 방송 프로그램	–	–	–	–	–	–	–
토론	–	–	–	–	–	–	–
기타, 일기, 독백류	–	2	6	11	3	4	26
강연 및 강의	–	–	–	–	–	–	–
광고, 선전	–	–	–	–	–	–	–
연설	1	–	–	–	–	–	1
안내 방송	–	1	–	–	–	–	1
총 문항 수	30	30	30	30	30	30	180

유형별 문제 연습

기출 및 실전 문제

문법 유형	유형별 문항 수	기출 2회	실전 2회
유형 1- 문맥에 알맞은 어휘 고르기	5	10	10
유형 2- 유의어 고르기	4	8	8
유형 3- 다의어 고르기	2	4	4
유형 4- 반의어 고르기	2	4	4
유형 5- 문맥에 알맞은 문법 고르기	5	10	10
유형 6- 바른 문장 고르기	5	10	10
유형 7-같은 의미 표현 고르기	3	6	6
유형 8- 문맥에 알맞은 어휘/문법 고르기 Ⅰ	2	4	4
유형 9- 문맥에 알맞은 어휘/문법 고르기 Ⅱ	2	4	4
총 문항 수	30	60	60

문맥에 알맞은 어휘 고르기

유형 1

( )에 들어갈 주요 어휘
(명사, 동사, 형용사, 부사)
를 고르는 문제

풀이전략

❶ 문장 안에서 가장 핵심적인 어휘의 의미를 이해한다.

❷ 전체적인 의미를 통해 빈칸에 알맞은 어휘를 고른다.

❸ 빈칸에 들어갈 어휘는 앞뒤의 단어와 어울릴 수 있는
   것이어야 한다.

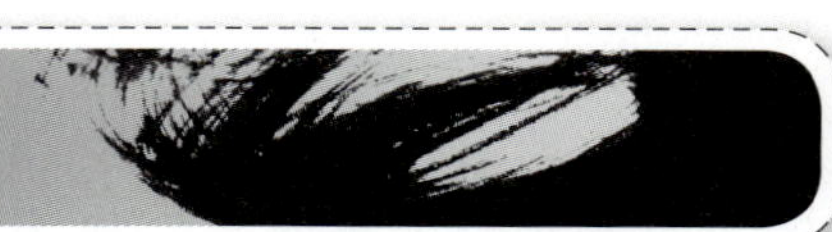

1~5 다음 ( )에 알맞은 것을 고르십시오.

1
12회 1번

요즘은 대학을 졸업해도 (   )에 들어가기가 쉽지 않다.

① 직장
② 선택
③ 결혼
④ 건물

 ❶

 '(   )에 들어가다'와 어울리는 어휘는 ① '직장'과 ④ '건물'이다. 그러나 앞의 '대학을 졸업해도'
와 어울리는 ①이 답이 된다. '직장'이란 '사람들이 일정한 직업을 가지고 일하는 곳'이라는 뜻이
다.

1~5 다음 ( )에 알맞은 것을 고르십시오.

1 친구가 도와 달라고 (   )을/를 하는데 어떻게 해야 할 지 잘 모르겠어요.

① 부정
② 제안
③ 거절
④ 부탁

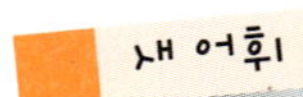

부정: 올바르지 아니하거나 옳지 못함

예) 내가 잘못했다는 것은 부정하지 않겠어요.

거절: 상대편의 요구, 제안, 선물, 부탁 따위를 받아들이지 않고 물리침

예) 친구의 부탁이라 거절할 수 없었다.

 ④

  (   ) 앞의 '친구가 도와 달라고'와 어울릴 수 있는 어휘는 ②번의 '제안'과 ④번의 '부탁'인데 이 경우 '제안'은 문맥상 맞지 않으므로 ④번의 '부탁'이 답이 된다.

2
14회 5번

훌륭한 예술 작품은 작가가 죽은 후에야 (　　　)을/를 인정받는 경우가 많다.

① 소문

② 가치

③ 장래

④ 감상

 ❷

 '예술작품의 훌륭함이 어느 정도인지를 작가가 죽은 후에야 알게 되는 경우가 많다'는 뜻을 나타내는 문장이다. 괄호 안에는 '사물이 지니고 있는 좋은 정도'에 해당하는 어휘가 들어가야 한다. 이에 알맞은 어휘는 ②가 된다.

① '소문'은 '사람들의 입에서 입으로 전하여 들리는 말'을 뜻한다.

예) 동네에 소문이 돌다.

③ '장래'는 '앞으로의 가능성'의 뜻을 나타내는 어휘이다.

예) 그 사람은 성실하고 똑똑해서 장래가 기대된다.

④ '감상'은 '마음속에서 생기는 느낌이나 생각'의 뜻을 나타내는 어휘이다.

예) 친구와 영화를 보고 난 감상을 이야기하였다.

2 그동안 정신없이 바빴기 때문에 이제는 좀 (　　　) 시간을 보내고 싶어요.

① 분주한

② 한가한

③ 분명한

④ 지루한

새 어휘

분주하다: 이리저리 바쁘고 정신없다

　　　예) 주부들의 분주한 아침./분주한 거리.

지루하다: 같은 상태가 오래 계속되어 싫증이 나고 재미가 없다

　　　예) 영화가 지루해서 그냥 나왔다.

 ❷

보기의 어휘들은 모두 시간의 앞에 올 수 있다. 그러나 앞 문장에서 바빴기 때문에 이제는 그 반대의 시간을 보내고 싶다는 내용이므로 '바쁘다'와 반대되는 어휘는 '한가하다'가 된다.
①의 '분주한'은 '바쁘다'는 의미를 포함하고 있어 적절하지 않고 ③과 ④는 문맥상 어울리지 않는다.

3
15회 4번

약을 먹으면 좋아질 줄 알았는데 (　　　) 머리가 더 아픈 것 같다.

① 마침내
② 아무리
③ 오히려
④ 드디어

 **❸**

 '알았는데'의 '-ㄴ데'는 뒤에서 어떤 일을 설명, 질문, 지시 또는 제안하기 위하여 그 대상과는 반대되는 상황을 미리 말할 때 쓰는 연결어미이다. 따라서 뒤의 절에 '머리가 더 아픈 것 같다'라는 상황이 나왔다. 이 두 절의 사이에 들어갈 부사로는 '일반적인 기준이나 예상, 짐작, 기대와는 전혀 반대가 되거나 다르게'라는 뜻인 ③의 '오히려'가 알맞다.
① '마침내'는 '드디어 마지막에는'의 뜻을 나타낸다.
예) 마침내 우리 팀이 승리했다.
② '아무리'는 '정도가 매우 심함'의 뜻을 나타낸다.
예) 아무리 열심히 노력해도 성적이 오르지 않는다.
④ '드디어'는 '무엇으로 인한 결과'의 뜻을 나타낸다.
예) 드디어 반에서 일등을 했다.

실전문제

3 ( ) 일찍 끝났는데 어디 가서 차라도 한 잔 할까요?

① 모처럼
② 반드시
③ 도무지
④ 가만히

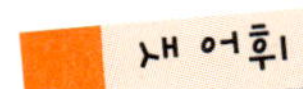

도무지: 아무리 해도
　　　　예) 그 사람과는 도무지 말이 안 통한다.

  ①

 오랜만에 일찍 끝났으니까 차라도 마시러 가자는 내용이므로 '오래간만에'라는 뜻이 있는 '모처럼'이 맞다.
② '반드시'는 '틀림없이, 꼭'이라는 뜻을 나타낸다.
예) 그 사람은 반드시 올 거예요.
③ '도무지'는 '아무리 해도'라는 뜻이다.
예) 나는 그 사실을 도무지 믿을 수가 없다.
④ '가만히'는 '움직이지 않거나 아무 말 없이'라는 뜻이다.
예) 그는 몇 시간 동안 움직이지 않고 가만히 앉아 있었다.

4
14회 4번

휴대전화 요금이 한 달 동안 쓰는 용돈의 대부분을 (　　　).

① 맞춘다
② 바꾼다
③ 차지한다
④ 준비한다

 **❸**

 '휴대전화 요금으로 용돈의 많은 부분을 쓰게 된다'는 뜻을 표현해야 하므로, (　　)에 들어갈 적절한 말은 '사물이나 공간, 지위 등을 자신의 것으로 가지다'의 뜻을 나타내는 ③ '차지하다'가 된다.
① '맞추다'는 '어떤 기준에 틀리지 않게 조정하다'의 뜻을 나타낸다.
예) 시계가 고장 나서 시계바늘을 다시 맞추었다.
② '바꾸다'는 '원래 있던 것을 없애고 다른 것으로 대신하게 하다'의 뜻을 나타낸다.
예) 여행가기 전에 외화를 바꾸려고 은행에 갔다.
④ '준비하다'는 '미리 마련하여 갖추다'의 뜻을 나타낸다.
예) 내일 먹을 도시락을 준비하였다.

4 그는 재미있는 말솜씨로 주변에 있던 모든 사람들의 마음을 (   ).

① 알아들었다

② 사로잡았다

③ 읽어버렸다

④ 자랑하였다

 ❷

 '마음'과 어울리는 어휘는 '읽어버렸다'와 '사로잡다'인데 여기에서는 그는 말을 재미있게 해서 사람들을 즐겁게 했다는 내용이므로 '사로잡다'가 맞다.

5
12회 **2**번

한국 드라마를 보고 나서 한국 문화에 대한 관심이 (   ).

① 들렸다

② 생겼다

③ 좋아졌다

④ 익숙해졌다

 ❷

 '관심'은 '어떤 것에 끌리는 마음'의 뜻을 나타내는 어휘로 '한국 드라마를 본 후 한국 문화에 대한 관심이 높아졌다'는 표현이 들어가야 한다. 보기 중에 이러한 뜻을 나타내는 것은 '없던 것이 새로 있게 되다'의 뜻을 가진 ② '생기다'이다.

5

노인이나 장애인을 위한 (   )을/를 하는 사회 환경이 더욱 필요한 것 같다.

① 배웅
② 배달
③ 배려
④ 배회

새 어휘

배웅: 떠나는 사람을 따라 나가서 작별하다
　　예) 유학 가는 친구를 배웅하러 공항에 갔다.

배회: 아무 목적도 없이 이곳저곳을 돌아다니다
　　예) 거리를 배회하지 말고 집에 들어가라.

 ③

 사회적으로 노인이나 장애인을 보살피고 신경을 써야 한다는 내용이므로 (　)에 알맞은 어휘는
'배려'가 된다.
①번의 '배웅'은 '떠나가는 손님을 일정한 곳까지 따라 나가서 보내는 일'을 나타낸다.
예) 친구를 배웅하기 위해 공항에 갔다.
② '배달'은 '물건을 가져다 줌'을 나타낸다.
예) 자장면 한 그릇만 배달해 주세요.
④ '배회'는 아무 목적도 없이 이리저리 돌아다님'을 나타낸다.
예) 요즘 할 일 없이 밤늦게 거리를 배회하는 청소년이 많아요.

1~5 다음 ( )에 알맞은 것을 고르십시오.

1
11회 1번

요즘 사람들은 건강에 ( )이 많습니다.

① 경험
② 관심
③ 방법
④ 책임

  ❷

 '건강을 지키는 것을 중요하게 생각하는 사람이 많다'는 표현이 들어가야 한다. 보기 중에 이러한 뜻을 나타내는 것은 '어떤 것에 끌리는 마음'의 뜻을 가진 '관심'이다.
① '경험'은 '자신이 실제로 해 보거나 겪어본 일'의 뜻을 나타낸다.
③ '방법'은 '어떤 일이나 목적을 이루기 위하여 사용하는 수단이나 방식'의 뜻을 나타낸다.
④ '책임'은 '어떤 일의 결과에 대한 의무'의 뜻을 나타낸다.

2회

1~5 다음 ( )에 알맞은 것을 고르십시오.

1 ( )을/를 많이 듣고 자란 아이는 어른이 되어서도 긍정적인 성격을 갖게 된다.

① 관심
② 용기
③ 칭찬
④ 믿음

 ❸

 ( ) 안에 들어 가야할 어휘는 뒤에 '듣다'와 어울리는 어휘라야 한다. 보기 중에서는 '칭찬' 밖에 없다.
① '관심'은 '어떤 것에 마음이 끌리다'라는 뜻이다.
예) 요즘은 외모에만 관심을 갖는다.
② '용기'는 '씩씩하고 굳센 기운 또는 사물을 무서워하지 않는 기상'을 뜻한다.
예) 어려울 때일수록 용기를 잃지 마세요.
④ '믿음'은 '어떤 사실이나 사람을 믿는 마음'이다.
예) 사랑과 믿음은 우리가 살아가는 데에 가장 중요한 것입니다.

2
13회 3번

급한 (　　　)이 생겨서 고향으로 돌아가게 되었다.

① 소식
② 사정
③ 연락
④ 방법

 ❷

 '(　　)이 생기다'와 어울리는 어휘는 ② '사정'과 ④ '방법'이다. 그러나 앞의 '급한'과 어울려 쓸 수 있는 어휘는 '사정'뿐이다. '사정'이란 '일의 형편이나 이유'의 뜻을 나타낸다.
예) 집안 사정 때문에 휴학을 했다.
③의 '연락'은 '어떤 사실을 상대방에게 알림'의 뜻을 나타낸다.
예) 도착하면 꼭 연락해라.
④의 '방법'은 '어떤 일이나 목적을 이루기 위하여 사용하는 수단이나 방식'의 뜻을 나타낸다.
예) 해결 방법을 찾아보다.

실전문제

2 생일선물로 받은 이 옷이 (　　) 마음에 들지 않아요.

① 실로

② 바로

③ 별로

④ 도로

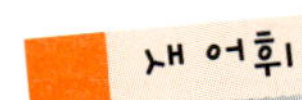

실로: 정말로, 참으로, 진심으로

　　예) 인간의 신체는 실로 아름답다!

도로: 원래 있던 것 같이

　　예) 이 옷을 도로 갖다 놓으세요.

❸

'생일선물로 옷을 받았는데 그다지 마음에 들지 않는다'라는 내용이다. 보기의 어휘 중에서 '그다지'
와 비슷한 의미로는 '별로'가 있다.

① '실로'는 '참으로'의 뜻을 나타낸다.

예) 그 친구와 만난 건 실로 오랜만이다.

② '바로'는 '시간적인 간격이 없이 곧'이라는 뜻이다.

예) 지금 바로 갖다 주세요.

④ '도로'는 '향하던 쪽으로 되돌아서' 또는 '본래의 상태대로'라는 뜻을 나타낸다.

예) 학교에 가다가 도로 집으로 돌아갔다.

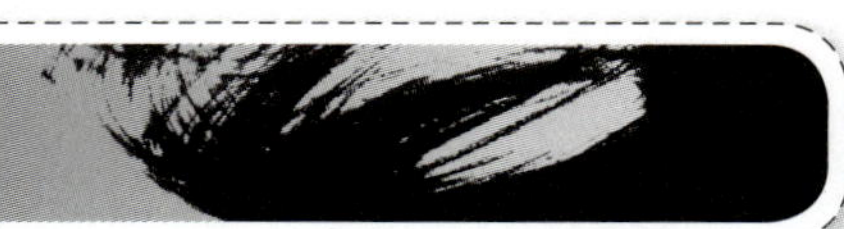

3
12회 3번

일주일 전부터 감기에 걸려서 시험공부를 (　　　) 하지 못했다.

① 반드시
② 다행히
③ 나중에
④ 제대로

  ❹

 '감기 때문에 시험공부를 하는데 어려움을 겪었다'는 표현이 들어가야 하므로 (　　) 안에 가장 알맞은 어휘는 ④ '제대로'가 된다. '제대로'는 '마음먹은 대로나 알맞은 정도로'의 뜻을 나타낸다.
예) 이번 일은 제대로 끝내야 한다.
① '반드시'는 '틀림없이 꼭'의 뜻을 나타낸다.
예) 그 서류를 오늘 안에 반드시 보내야 한다.
② '다행히'는 '뜻밖에 일이 잘되어'의 뜻을 나타낸다.
예) 다행히 잃어버린 지갑을 찾을 수 있었다.
③ '나중에'는 '얼마의 시간이 지난 뒤'의 뜻을 나타낸다.
예) 우리 나중에 얘기하자.

실전문제

3 마라톤은 (　　　)의 한계를 시험해 볼 수 있는 스포츠이다.

① 인내력

② 사고력

③ 상상력

④ 기억력

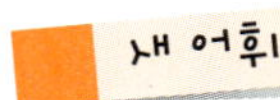

한계: 사람이나 사물의 힘이나 능력이 닿을 수 있는 범위

　예) 시험이 너무 어려워서 내 능력의 한계를 느낀다.

인내력: 어려움을 참을 수 있는 힘

　예) 어려운 문제를 풀려면 인내력이 필요하다.

 ❶

마라톤은 사람이 견딜 수 있는 능력의 한계를 시험해 보는 스포츠이므로 '견디다'의 의미를 가지고 있는 '인내력'이 들어가야 한다.

② '사고력'은 '생각할 수 있는 힘'을 의미한다.

예) 논리적인 사고력을 기르기 위해서는 독서를 많이 해야 한다.

③ '상상력'은 '실제로 경험하지 않은 현상이나 사물에 대하여 마음속으로 생각해 보고 그려 보는 힘'이다.

예) 인간의 상상력은 어디까지 진화할 것인가.

④ '기억력'은 '이전의 인상이나 예전에 경험했던 것을 의식 속에 저장해 두는 능력'이다.

예) 나이가 들면 기억력이 자꾸 나빠진다.

4
15회 2번

이 카드 하나로 대중교통을 다 이용할 수 있어서 (   ).

① 복잡하다
② 다양하다
③ 편리하다
④ 정확하다

  ❸

 '카드 하나로 대중교통을 모두 이용할 수 있어서 편하고 좋음'이라는 표현이 들어가야 하므로 (   )
안에 들어갈 알맞은 말은 '편하고 도움이 되며 이용하기 쉬움'의 뜻을 나타내는 ③ '편리하다'이다.
① '복잡하다'는 '일이나 감정 등이 여러 가지로 섞여있음'의 뜻을 나타낸다.
예) 일이 복잡하게 꼬였다.
② '다양하다'는 '모양, 빛깔, 형태, 양식 등이 여러 가지로 많다'의 뜻을 나타낸다.
예) 그 옷은 색깔이 다양하다.
④ '정확하다'는 '바르고 확실하다'의 뜻을 나타낸다.
예) 자신의 의사는 정확하게 표현해야 한다.

실전문제

4

여름이라 그런지 극장에는 온통 (　　　) 영화뿐이었다.

① 아쉬운
② 무서운
③ 서운한
④ 곤란한

 ❷

여름에는 덥기 때문에 흔히 공포영화를 많이 상영하는 것이 관례이므로 (　) 안에 들어갈 알맞은 말은 '무서운'이 된다.
① '아쉽다'는 '필요한 것이 모자라서 만족스럽지 못하다'는 뜻을 나타낸다.
예) 이별은 늘 아쉽다.
③ '서운하다'는 '마음에 모자라 아쉽거나 섭섭하다'는 뜻이다.
예) 편지를 해도 답장이 없으니 참 서운하다.
④ '곤란하다'는 '사정이 몹시 어렵다'는 뜻이다.
예) 대답하기 곤란한 질문은 하지 말아 주세요.

5
13회 5번

아무리 힘들더라도 끝까지 (　　　) 않고 노력할 것이다.

① 허락하지
② 포기하지
③ 고생하지
④ 수고하지

  **②**

 위의 문장에는 '힘들더라도 끝까지 노력할 것이다'는 뜻을 표현해야 한다. 즉, 괄호에 알맞은 표현은 '하려던 일을 도중에 그만두어 버리다'는 의미의 ② '포기하다'이다.

① '허락하다'는 '부탁하는 일을 하도록 들어줌'의 뜻을 나타낸다.

예) 그 일은 부모님께 허락을 구해야 한다.

③ '고생하다'는 '어렵고 힘든 일을 겪다'의 뜻을 나타낸다.

예) 매일 일이 많아 고생을 한다.

④ '수고하다'는 '일을 하느라 힘을 들이고 노력하다'의 뜻을 나타낸다.

예) 오늘도 수고가 많습니다.

실전문제

5 그는 한 번 결심한 것은 무슨 일이 있어도 반드시 (　　　)을/를 한다.

① 실망

② 실수

③ 실패

④ 실천

 ❹

 결심한 것은 반드시 행동을 한다는 내용이 들어가야 문맥상 자연스럽다. 따라서 이것과 어울리는
어휘는 '실천'이 된다.
① '실망'은 '바라던 일이 뜻대로 되지 않다'는 뜻이다.
예) 이번에 떨어지더라도 실망하지 말아요.
② '실수'는 '조심하지 않아서 잘못했거나 그런 행동'을 나타낸다.
예) 두 번 다시 실수하면 안 됩니다.
③ '실패'는 '일을 잘못하여 뜻한 대로 되지 않음'을 나타낸다.
예) 젊어서는 실패도 해 볼 필요가 있다.

MEMO

주어진 문장 안에 제시된 어휘와 바꾸어 쓸 수 있는 것을 고르는 문제

유의어 고르기

풀이전략

❶ 밑줄 친 단어만을 보고 답을 예상하지 말고 전체 문장을 먼저 이해한다.

❷ 밑줄 친 단어와 바꾸어 써도 문장의 의미가 달라지지 않아야 한다.

1-4 다음 밑줄 친 부분과 의미가 비슷한 것을 고르십시오.

1
10회 6번

예정보다 회의 시간이 많이 늦어졌습니다.

① 결정
② 예약
③ 계획
④ 소식

 ❸

 '예정'은 '미리 정하거나 예상함'의 뜻을 나타내므로, '앞으로 할 일의 순서, 방법, 규모 등을 미리 생각함'이라는 의미를 갖는 ③ '계획'이 비슷한 뜻을 나타내는 표현이 된다.
① '결정'은 '행동이나 태도를 분명하게 정함'의 뜻을 나타낸다.
예) 과장님의 결정에 따르겠습니다.
② '예약'은 '미리 약속함'의 뜻을 나타낸다.
예) 인터넷에서 영화표를 예약했는데요.
④ '소식'은 '멀리 떨어져 있는 사람의 사정을 알리는 말이나 글'의 뜻을 나타낸다.
예) 이사를 가고 나서 소식이 없어서 걱정이다.

1-4 다음 밑줄 친 부분과 의미가 비슷한 것을 고르십시오.

1 가방이 커서 무거울 줄 알았는데 들어보니 <u>의외로</u> 가벼웠다.

① 뜻밖에
② 여전히
③ 저절로
④ 비로소

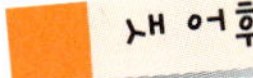

비로소: 어느 한 시점을 기준으로 그 전까지 이루어지지 않았던 사건이나 사태가 이루어지거나
변화하기 시작함을 나타냄
예) 이제야 비로소 부모님의 뜻을 알 것 같아요.

  ❶

 가방이 커서 무거울 것이라고 생각했는데 뒤의 문장은 '가볍다'는 의미가 되므로 '생각했던 것
과는 다르다'라는 의미의 '의외로'와 비슷한 어휘인 '뜻밖에'가 들어가야 한다.
② '여전히'는 '전과 같다'라는 뜻을 나타낸다.
예) 그녀는 여전히 아름다웠다.
③ '저절로'는 '다른 힘을 빌리지 않고 스스로'라는 의미이다.
예) 문이 저절로 열렸어요.
④ '비로소'는 '어느 한 시점을 기준으로 그 전까지 이루어지지 아니하였던 사건이나 사태가
이루어지거나 변화하기 시작함'을 나타내는 말이다.
예) 이제야 비로소 웃을 수 있겠어요.

2
11회 **6**번

행사를 시작하기 전에 <u>우선</u> 안내 말씀을 드리겠습니다.

① 처음
② 대신
③ 먼저
④ 바로

  ❸

 위의 문장은 '행사가 시작하기 전에 안내사항을 전달한다'는 뜻을 나타내고 있다. 그러므로
여기에서 쓰인 '우선'은 '어떤 일에 앞서서', '먼저'의 뜻을 나타낸다.
① '처음'은 '시간이나 순서가 가장 앞'임을 나타내는 어휘이다.
예) 어린 동생이 어제 처음 말을 했다.
② '대신'은 '어떤 대상의 자리나 구실을 바꾸어서 새로 맡음'의 뜻을 나타낸다.
예) 바쁜 어머니 대신 집안 청소를 했다.
④ '바로'는 '시간적인 간격을 두지 않고 곧'의 뜻을 나타낸다.
예) 학교가 끝나면 바로 집으로 오거라.

실전문제

2 이번 일을 잘 처리할 만한 <u>마땅한</u> 사람을 찾기가 쉽지 않습니다.

① 유리한
② 엉뚱한
③ 이상한
④ 적당한

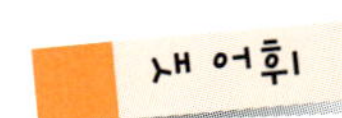

엉뚱하다: 상식적으로 생각하거나 예상했던 것과는 전혀 다르다
　　　예) 그 사람은 언제나 엉뚱한 행동만 해요.

  ❹

 '마땅하다'는 '행동이나 대상 따위가 일정한 조건에 알맞다'는 말이므로 비슷한 뜻을 가진 어휘는 '적당하다'이다.
① '유리하다'는 '이롭다'는 뜻이다.
예) 이번에는 우리 팀이 유리하다.
② '엉뚱하다'는 '상식적으로 생각하는 것과 전혀 다르다'는 뜻을 나타낸다.
예) 그는 언제나 엉뚱한 행동으로 사람들을 당황하게 만든다.
③ '이상하다'는 '보통과는 다르다'는 뜻이다.
예) 집 앞에 이상한 사람이 서 있어요.

3
13회 8번

갑작스러운 사고로 인해 행사를 다음 주로 <u>미루었다</u>.

① 이동했다
② 연장했다
③ 연기했다
④ 취소했다

 ❸

 '미루다'는 '정한 시간이나 날짜를 나중으로 넘기다'의 뜻을 나타내므로 '정해진 기한을 뒤로 늘리다'의 의미를 가진 ③ '연기하다'가 비슷한 표현이다.
① '이동하다'는 '움직여서 옮기다'의 뜻을 나타낸다.
예) 비가 와서 콘서트 장소를 이동하였다.
② '연장하다'는 '시간이나 거리 등을 원래보다 길게 늘리다'의 뜻을 나타낸다.
예) 지하철의 운행 시간을 연장했다.
④ '취소하다'는 '예정된 일을 없애버림'의 뜻을 나타낸다.
예) 숙소 예약을 취소했다.

실전문제

3 이제부터 우리는 다 함께 어려움을 헤쳐 나갈 방법을 <u>찾아보자</u>.

① 모방하자
② 예방하자
③ 모색하자
④ 마감하자

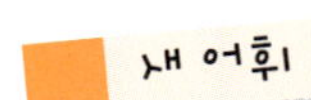

모방: 다른 것을 그대로 따라 함
　　예) 남의 것을 모방하지 말고 자기 것을 만들어 보세요.

 ❸

'모색'이라는 말은 '일이나 사건 따위를 해결할 수 있는 방법 등을 찾음'의 뜻이므로 '찾아보다'의 의미를 담고 있다.
① '모방하다'는 '다른 것을 따라 하다'는 뜻이다.
예) 아무리 훌륭하다고 해도 무조건 모방하는 것은 좋지 않습니다.
② '예방하다'는 '질병이나 재해 따위가 일어나기 전에 미리 대처하여 막다'는 뜻이다.
예) 병은 치료보다 예방이 더욱 중요하다.
④ '마감하다'는 '하던 일을 끝내다'는 의미를 나타낸다.
예) 원서접수는 월말에 마감합니다.

4
12회 9번

아버지께서 타시던 헌 자전거를 <u>고치니</u> 새 자전거가 되었다.

① 준비하니
② 전달하니
③ 수리하니
④ 정리하니

 ❸

 '고치다'는 '고장이 나거나 못 쓰게 된 물건을 손질하여 제대로 되게 하다'의 뜻을 나타내는데, ③ '수리하다'가 비슷한 뜻을 가지고 있다. '수리하다'는 '고장 나거나 오래된 것을 고치다'의 뜻을 나타낸다.
예) 집을 오래 전에 지어서 수리할 곳이 많다.
① '준비하다'는 '미리 마련하여 갖추다'의 뜻을 나타낸다.
예) 그녀는 결혼을 준비하느라 바쁘다.
② '전달하다'는 '물품이나 명령 등을 다른 사람이나 기관에 전하다'의 뜻을 나타낸다.
예) 물건을 주인에게 전달하였다.
④ '정리하다'는 '흐트러진 것을 한군데에 모으거나 치워서 질서 있는 상태가 되게 하다'의 뜻을 나타낸다.
예) 자리를 정리하고 일어서다.

실전문제

4 불쌍한 사람들을 <u>챙기는</u> 그 모습이 참 보기 좋았습니다.

① 생기는
② 부르는
③ 맡기는
④ 돌보는

  ④

 '챙기다'는 '필요한 물건을 찾아서 갖추어 놓거나 무엇을 빠뜨리지 않았는지 살피다'는 뜻도 있지만 여기에서는 '빼먹지 않고 잘 거두다'라는 뜻으로 쓰였다. 이것과 유사한 어휘로는 '돌보다'가 있다.
① '생기다'는 '없던 것이 새로 있게 되다'를 나타낸다.
예) 나이 들면 주름이 생기는 것을 막을 수는 없어요.
② '부르다'는 '말이나 행동 따위로 다른 사람의 주의를 끌거나 오라고 하다'의 뜻이다.
예) 큰소리로 부르면 잘 들릴 거예요.
③ '맡기다'는 '어떤 물건을 보관시키다'의 뜻을 나타낸다.
예) 경비실에 열쇠를 맡겼어요.

 다음 밑줄 친 부분과 의미가 비슷한 것을 고르시오.

1
15회 9번

현재의 위기에서 벗어나기 위해서는 긍정적인 <u>태도</u>를 가져야 한다.

① 여유
② 자세
③ 상태
④ 과정

 ❷

 '태도'는 '어떤 사물이나 상황을 대하는 자세'를 가리키므로, 보기 중에서 비슷한 뜻을 가진 것은
② '자세'이다. '자세'는 '사물을 대할 때 가지는 마음가짐'을 뜻한다.
예) 그는 성실한 자세를 갖추었다.
① '여유'는 '느긋하고 차분하게 생각하거나 행동하는 마음의 상태'를 나타낸다.
예) 마음의 여유를 가지다.
③ '상태'는 '사물이나 현상이 놓여 있는 모양'의 뜻을 나타낸다.
예) 그의 건강 상태가 좋지 않다.
④ '과정'은 '일이 되어가는 순서'의 뜻을 나타낸다.
예) 일의 결과보다 과정이 더 중요하다.

1~4 다음 밑줄 친 부분과 의미가 비슷한 것을 고르시오.

1   그는 몇 번의 <u>시도</u> 끝에 학생회장에 당선되었다.

① 욕심
② 허락
③ 도전
④ 용기

 ❸

 '시도'는 '어떤 것을 이루어 보려고 계획하거나 행동함'의 뜻을 나타내므로 이것과 바꿔 쓸 수 있는 어휘는 '도전'이며 ①의 '욕심'이나 ②의 '허락', ④의 '용기'는 어울리지 않는다.
①의 '욕심'은 '필요한 만큼이 아니라 그것보다 더 많이 가지고 싶어 하는 마음'이다.
예) 너무 욕심이 많으면 안 됩니다.
②의 '허락'은 '부탁하는 일을 들어줌'의 뜻을 나타낸다.
예) 그는 부모님 허락도 없이 결혼했다.

2
10회 8번

이 할머니께서는 이곳에서 30년 동안 쭉 장사를 해 오셨습니다.

① 바로
② 겨우
③ 계속
④ 그만

  ❸

 '쭉'은 '같은 상태로 계속되는 모양'의 뜻을 나타내는데, 보기 중에서 비슷한 뜻을 가진 것은 ③ '계속'이다. '계속'은 '끊이지 않고 이어서'의 의미를 가진다.
예) 이틀 동안 계속 비가 내렸다.
① '바로'는 '시간적인 간격을 두지 않고'의 뜻을 나타낸다.
예) 버스가 바로 출발할 예정입니다.
② '겨우'는 '어렵게 힘을 들여서'의 뜻을 나타낸다.
예) 밤이 되어서야 겨우 일을 끝낼 수 있었다.
④ '그만'은 '그 정도까지만'의 뜻을 나타낸다.
예) 비가 그만 왔으면 좋겠다.

실전문제

2 우리 선생님이 화를 낼 때는 <u>흡사</u> 호랑이와 같습니다.

① 마침
② 마치
③ 또한
④ 역시

새 어휘

흡사: 거의 같을 정도로 비슷한 모양. 주로 '처럼', '같다', '듯이' 등과 함께 쓰임
   예) 그녀의 눈빛이 흡사 인형처럼 예뻐 보였다.

 **정답**  ❷

 **풀이**
  '흡사'는 '거의 같을 정도로 비슷하다'는 뜻으로 유사한 어휘는 '마치'이며 '같다' 등의 어휘와 함께 쓰이는 것이 보통이다.
① '마침'은 '어떤 경우나 기회에 알맞게'의 뜻이다.
예) 지금 너에게 가려고 했는데 마침 잘 왔다.
③ '또한'은 '그 위에 더, 또는 거기에다 더'의 의미이다.
예) 그녀는 마음도 착하고 또한 얼굴도 예쁘다.
④ '역시'는 '생각하였던 대로'의 의미이다.
예) 역시 그랬구나. 내 생각이 맞았어.

3
12회 **7**번

그 가수는 인기가 매우 많아서 몸이 열 개라도 <u>모자란다</u>.

① 고생한다
② 만족한다
③ 부족하다
④ 한가하다

  ③

 '모자라다'는 '기준이 되는 양이나 정도보다 부족하다'의 뜻을 나타내는데, 보기 중에서는 ③ '부족하다'가 이와 비슷한 뜻을 가졌다. '부족하다'는 '필요한 양이나 기준에 미치지 못해 모자라다'의 뜻을 나타낸다.
예) 일을 할 시간이 부족하다.
① '고생하다'는 '어렵고 힘든 일을 겪다'의 뜻을 나타낸다.
예) 몸이 아파서 고생했다.
② '만족하다'는 '모자람이 없이 넉넉하게 생각하다'의 뜻을 나타낸다.
예) 새로운 회사에 만족한다.
④ '한가하다'는 '여유가 있음'을 나타낸다.
예) 오늘은 오랜만에 한가한 시간을 보냈다.

실전문제

3 부모님께 동생의 합격 소식을 <u>알려드렸다</u>.

① 빌려드렸다
② 내려드렸다
③ 전해드렸다
④ 갚아드렸다

 ❸

'소식을 알려주다'와 바꿔 쓸 수 있는 표현은 '소식을 전해주다'이다. '알려주다'는 '알리다'와 '주다'의 합성어이며 '드리다'는 '주다'의 높임말이다.
① '빌려주다'는 '남에게 물건이나 돈 등을 나중에 받기로 하고 얼마 동안 쓰게 하는 것'을 말한다.
예) 친구에게 빌려준 돈을 아직도 못 받았어요.
②는 '내리다'와 '주다'의 합성어로 '타고 있던 자동차 등의 탈 것에서 밖으로 나와 어떤 곳에 이르다'의 뜻이다.
예) 자동차를 타고 가다가 할머니를 시청 앞에 내려드렸다.
④ '갚아주다'는 '갚다'와 '주다'의 합성어로 '빌린 물건이나 돈을 다시 주인에게 돌려 주다'의 뜻을 나타낸다.
예) 친구의 빚을 대신 갚아 주었어요.

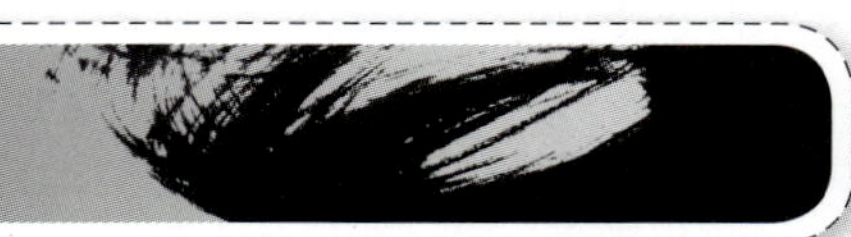

4
14회 **7**번

어렸을 때는 아무것도 아닌 일로 친구와 <u>다투기도</u> 했어요.

① 사귀기도
② 싸우기도
③ 헤어지기도
④ 고민하기도

 ❷

 '다투다'는 '의견 등이 맞지 않아서 서로 따지며 싸우다'의 뜻을 나타내는데, 보기 중에서 비슷한 뜻을 가진 것은 ② '싸우다'이다. '싸우다'는 '말, 힘 등을 가지고 서로 이기려고 다투다'의 뜻을 나타낸다.

예) 의견이 맞지 않아서 친구와 크게 싸웠다.

① '사귀다'는 '서로 얼굴을 익히고 친하게 지내다'의 뜻을 나타낸다.

예) 친구를 사귀는 것이 쉽지 않다.

③ '헤어지다'는 '함께 있던 사람들이 흩어지다'는 뜻을 나타낸다.

예) 친구들과 헤어지고 집으로 돌아왔다.

④ '고민하다'는 '마음속으로 괴로워하고 초조하다'는 뜻을 나타낸다.

예) 유나는 여러 가지 문제로 고민하고 있다.

4 컴퓨터가 고장이 나서 <u>고쳐야</u> 해요.

① 수입해야

② 수정해야

③ 수집해야

④ 수리해야

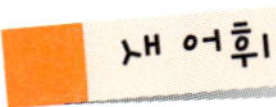

수정: 바르게 고침
　　예) 우리의 목표를 수정하겠습니다.

수집: 취미나 연구를 위하여 여러 가지 물건이나 재료를 찾아 모음
　　예) 나의 취미는 우표 수집입니다.

 ❹

'고치다'와 바꿔 쓸 수 있는 어휘는 '고장 난 것을 고치다'라는 뜻을 가진 '수리하다'이므로 ④가 답이다.
①의 '수입'은 '다른 나라로부터 물건을 사 오다'라는 뜻이다.
②의 '수정'은 '틀린 곳을 바로잡아 고치다'라는 뜻이지만 '물건'의 경우에는 쓰지 않는다.
③의 '수집'은 '모으다'라는 의미이므로 답이 될 수 없다.

MEMO

다의어 고르기

풀이전략

❶ 가장 먼저 세 개의 문장을 잘 읽고 적절한 어휘를 찾는다.

❷ 공통적으로 들어가도 바른 문장이 되는지 검토한다.

❸ 올바른 문장이 되었는지 다시 한 번 읽어보고 확인한다.

1-2 다음 (   )에 공통적으로 들어갈 동사를 고르십시오.

1
15회 10번

> 이런 곳에 집을 (   ) 살고 싶다.
> 약을 (   ) 때는 처방전이 필요하다.
> 선생님께서는 항상 부드러운 표정을 (   ).

① 짓다
② 받다
③ 세우다
④ 만들다

①
이런 곳에 집을 <u>짓고</u> 살고 싶다.
약을 <u>지을</u> 때는 처방전이 필요하다.
선생님께서는 항상 부드러운 표정을 <u>지으신다</u>.(짓는다)

① '짓다'는 '재료를 들여 집을 만들다'라는 뜻도 있고, '여러 재료를 섞어 약을 만들다', '어떤 표정을 얼굴이나 몸에 나타내다'라는 뜻도 있으므로, 위의 세 문장의 괄호 안에 공통으로 쓰일 수 있다.
② '받다'는 '다른 사람이 주거나 보내오는 물건 따위를 가지다'의 뜻을 나타내므로, 두 번째 문장에서 쓰일 수 있지만, 그 외의 문장에서는 쓰일 수 없다.
③ '세우다'는 첫 번째 문장에서는 쓰일 수 있지만, 두 번째 문장과 세 번째 문장의 괄호에는 들어갈 수 없다.
④ '만들다'는 '노력을 해서 목적으로 하는 사물을 이루다'의 뜻을 나타내는데, 두 번째 문장과 세 번째 문장에 비해서 첫 번째 문장에서는 쓰임이 자연스럽지만 '짓다'에 비해서는 부자연스러운 표현이다.

1-2 다음 ( )에 공통적으로 들어갈 동사를 고르십시오.

1

> 햇볕이 좋아서 빨래가 잘 (　　　).
> 너무 (　　　) 보기 안 좋으니 살 좀 쪄야겠다.
> 한참 뛰었더니 목이 (　　　) 물을 마시고 싶어요.

① 타다
② 널다
③ 마르다
④ 기르다

새 어휘

마르다: 1. 물기가 다 날아가서 없어지다
　　　　 2. 살이 빠져 야위다
　　　　 3. 입이나 목구멍에 물기가 적어져 갈증이 나다

정답 ③

햇볕이 좋아서 빨래가 잘 <u>마른다</u>.
너무 <u>말라서</u> 보기 안 좋으니 살 좀 쪄야겠다.
한참 뛰었더니 목이 <u>말라(서)</u> 물을 마시고 싶어요.

풀이

③의 '마르다'는 '물기가 다 날아가서 없어지다', '살이 빠져 야위다' 그리고 '입이나 목구멍에 물기가 적어져 갈증이 나다'의 뜻도 있으므로 위의 세 문장에 공통적으로 쓸 수 있다.
①의 '타다'는 '물기가 없어 바싹 마르다'는 뜻이 있어서 세 번째 문장에는 맞지만 다른 문장에는 맞지 않다.
②의 '널다'는 '햇볕이나 바람을 쐬기 위해 펼쳐 놓다'라는 의미로 '빨래를 널다'로 쓸 수 있지만 첫 번째 문장에도 어울리지 않는다.
④의 '기르다'는 '머리카락이나 수염 등을 깎지 않고 길게 자라게 하다' 또는 '아이, 동식물을 보살펴 자라게 하다'는 의미이므로 이 문제에는 맞지 않다.

2
14회 10번

> 저기 물 위에 (　　) 있는 게 뭐지?
> 이건 우리 할머니가 직접 (　　) 장갑이다.
> 해가 (　　) 것을 보려고 많은 사람들이 일찍 일어났다.

① 뜨다
② 빛나다
③ 만들다
④ 나타나다

 **①**

저기 물 위에 <u>떠</u> 있는 게 뭐지?
이건 우리 할머니가 직접 <u>뜨신</u> 장갑이다.
해가 <u>뜨는</u> 것을 보려고 많은 사람들이 일찍 일어났다.

'뜨다'는 '물이나 지면에 가라앉지 않고 물 위나 공중으로 오르다'는 뜻과 '실로 장갑이나 목도리를 만들다'는 의미도 있으므로 위의 세 문장에 공통으로 쓰일 수 있는 어휘는 ① '뜨다'이다.
② '빛나다'는 '빛이 환하게 비치다'의 뜻을 나타내는데, 첫 번째 문장의 경우에는 '빛나다'가 활용될 수 있지만 두 번째와 세 번째에 쓰일 때는 어색한 문장이 된다.
③ '만들다'는 '노력을 해서 목적으로 하는 사물을 이루다'의 뜻을 나타내는데, 두 번째 문장과 같이 쓰일 수 있지만 다른 문장과는 쓰일 수 없다.
④ '나타나다'는 '보이지 않던 어떤 대상의 모습이 보이다'는 뜻을 나타내는데, 위의 세 문장의 괄호 안에 들어갈 경우 어색한 문장이 된다.

2

옆 사람이 이를 너무 (　　　) 잠을 못 잤다.
이 요리는 고기를 (　　　) 넣어야 맛있어요.
칼이 잘 안 들기 때문에 (　　　) 써야 할 것 같습니다.

① 볶다

② 갈다

③ 닦다

④ 썰다

새 어휘

갈다: 1. 윗니와 아랫니를 마주 대고 문지르다

2. 잘게 자르거나 으깨다

3. 칼이나 철 등을 날카롭게 하거나 매끄럽게 하여 잘 들게 만들다

❷
옆 사람이 이를 너무 <u>갈아서</u> 잠을 못 잤다.
이 요리는 고기를 <u>갈아</u> 넣어야 맛있어요.
칼이 잘 안 들기 때문에 <u>갈아</u>(서) 써야 할 것 같습니다.

②의 '갈다'는 '이를 마주 대고 문지르다', '잘게 자르다', '칼이 잘 들게 하다'라는 의미를 가지고 있어서 세 문장에 모두 쓸 수 있다.
①의 '볶다'는 '음식이나 음식의 재료를 물기가 거의 없거나 적은 상태로 열을 가하여 이리저리 자주 저으면서 익히다'의 뜻이 있으므로 두 번째 문장에는 맞지만 다른 문장에는 어울리지 않는다.
③의 '닦다'는 '더러운 것을 없애다'라는 뜻이므로 모든 문장에 맞지 않는다.
④의 '썰다'는 '어떤 물체에 칼을 앞뒤나 위아래로 움직여 자르다'는 의미가 있으므로 두 번째 문장의 '고기를 썰다'는 가능하지만 나머지 문장에는 맞지 않는다.

1-2 다음 ( )에 공통적으로 들어갈 동사를 고르십시오.

1
12회 10번

> 여름철에는 바닷가에서 잠시만 놀아도 피부가 쉽게 ( ).
> 성인이 되었지만 아직도 부모님에게서 용돈을 ( ) 사람이 있다.
> 추위를 많이 ( ) 겨울만 되면 밖에 나가기가 싫다.

① 받다

② 타다

③ 쓰다

④ 느끼다

 **정답** ❷

여름철에는 바닷가에서 잠시만 놀아도 피부가 쉽게 <u>탄다</u>.
성인이 되었지만 아직도 부모님에게서 용돈을 <u>타는</u> 사람이 있다.
추위를 많이 <u>타서</u> 겨울만 되면 밖에 나가기가 싫다.

 **풀이**

②의 '타다'에는 '피부가 햇빛에 오래 비치어 검은색으로 변하다'라는 뜻도 있고, '몫으로 주는 돈이나 물건 같은 것을 받다', '계절이나 날씨의 영향을 쉽게 받다'라는 뜻도 있으므로, 위의 세 문장에 공통으로 쓰일 수 있다.

① '받다'는 '다른 사람이 주거나 보내오는 물건 따위를 가지다'의 뜻을 나타내는데, 두 번째 문장에서 쓰였을 때는 자연스러운 문장이 되지만, 나머지 문장에서 쓰였을 때는 모두 어색한 문장이 된다.

③ '쓰다'는 '어떤 일을 하는 데 돈을 들이다'라는 뜻을 나타내는데, 이 경우에는 모두 부자연스러운 문장이 된다.

④ '느끼다'는 '감각 기관을 통해 깨닫는 자극'의 뜻을 나타내는데, 세 번째 문장에 쓰였을 때는 자연스럽지만, 그 외에 쓰였을 때는 부자연스러운 표현이 된다.

1-2 다음 (　)에 공통적으로 들어갈 동사를 고르십시오.

1

> 길을 가다가 넘어진 아이를 보고 일으켜 (　　　).
> 선생님께서는 우리들에게 방학 계획을 (　　　) 하셨다.
> 연초에 (　　　) 예산보다 지출이 초과된 것으로 나타났다.

① 올리다
② 세우다
③ 낮추다
④ 잡히다

새 어휘

세우다: 1. 눕거나 넘어진 물건 또는 사람을 일으켜 서게 하다
　　　　 2. 계획 등을 확실하게 정하다
　　　　 3. 가정이나 국가의 예산을 결정하다

정답 ❷

길을 가다가 넘어진 아이를 보고 일으켜 <u>세웠다</u>.
선생님께서는 우리들에게 방학 계획을 <u>세우게</u> 하셨다.
연초에 <u>세웠던(세운)</u> 예산보다 지출이 초과된 것으로 나타났다.

풀이

'세우다'는 '서다'의 사동사로 '사람이나 동물이 발을 땅에 대고 다리를 쭉 뻗고 몸을 곧게 하다', '처져 있던 것이 똑바로 위를 향하여 곧게 되다', '계획, 결심, 자신감 따위가 마음속에 이루어지다', '질서나 체계, 규율 따위가 올바르게 있게 되거나 짜이다'의 뜻이 있으므로 세 문장에 공통적으로 들어갈 수 있다.
①의 '올리다'는 '오르다'의 사동사로 '위쪽으로 높게 하거나 세우다'는 뜻이므로 첫 번째 문장과 세 번째 문장에는 어울릴 수 있으나 두 번째 문장에는 어색하다.
③의 '낮추다'는 '낮다'의 사동사이며 '바라는 기준보다 못하게 하다'는 뜻이므로 여기에는 맞지 않는다.
④의 '잡히다'는 '잡다'의 사동사로 '손으로 움키고 놓지 않다'는 뜻이다. 두 번째와 세 번째 문장에는 어울릴 수 있으나 첫 번째 문장에는 어색하다.

2
12회 11번

> 시험이 끝난 후 학생들이 문제와 정답을 (   ).
> 내일 회의에 늦지 않으려고 평소보다 30분 빠르게 시계를 (   ).
> 요즘은 양복을 (   ) 입는 사람보다 사서 입는 사람이 더 많다.

① 풀다
② 내다
③ 맞추다
④ 꾸미다

 ❸

시험이 끝난 후 학생들이 문제와 정답을 <u>맞춰본다.</u>(맞춘다)
내일 회의에 늦지 않으려고 평소보다 30분 빠르게 시계를 <u>맞춰요.</u>
요즘은 양복을 <u>맞춰</u> 입는 사람보다 사서 입는 사람이 더 많다.

 ③의 '맞추다'는 '두 개 이상의 대상을 나란히 놓고 비교하여 살피다'라는 뜻도 있고, '기준과 틀
림없이 조정하다', '일정한 규격의 물건을 만들도록 미리 주문을 하다'는 뜻도 있으므로, 위의 세
문장의 괄호에 공통으로 쓰일 수 있다.
① '풀다'는 '모르는 문제나 복잡한 문제를 알아내다'라는 뜻을 나타내므로 첫 번째 문장에서 가
능해 보이지만 '정답을 푸는 것'은 부자연스러운 표현이다.
② '내다'는 '문제를 출제하다'라는 뜻으로 역시 답이 될 수 없다.
④ '꾸미다'는 '모양이 나게 손질하다'라는 뜻으로 괄호 안에 공통적으로 들어갈 표현으로는 부적
절하다.

2

> 연주 실력이 (　　　) 예전만큼 잘 하지 못한다.
> 스웨터를 세탁기에 돌렸더니 (　　　) 못 입게 되었다.
> 가뭄으로 물 공급량이 (　　　) 주민들이 어려움을 겪는다.

① 불다
② 줄다
③ 늘다
④ 덜다

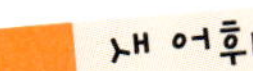 **새 어휘**

줄다: 1. 힘이나 실력 등이 전보다 못하게 되다
2. 길이 · 넓이 · 부피 따위가 작아지다
3. 어떤 것의 수나 양이 적어지다

덜다: 일정한 양이나 정도에서 얼마를 줄게 하다
예) 먹을 만큼만 덜어서 먹어라.

 ❷
연주 실력이 <u>줄어</u> 예전만큼 잘 하지 못한다.
스웨터를 세탁기에 돌렸더니 <u>줄어서</u> 못 입게 되었다.
가뭄으로 물 공급량이 <u>줄어</u> 주민들이 어려움을 겪는다.

 '줄다'는 '재주나 능력, 실력 따위가 본디보다 못하게 되다', '물체의 길이나 넓이, 부피 따위가 본디보다 작아지다', '수나 분량이 본디보다 적어지다' 등의 뜻을 가지고 있으므로 세 문장에 공통적으로 쓰일 수 있다.
①의 '불다'는 '바람이 일어나서 어느 방향으로 움직이다'의 뜻이므로 이 문장에는 맞지 않는다.
③의 '늘다'는 '재주나 능력 따위가 나아지다', '물체의 길이나 넓이, 부피 따위가 원래보다 커지다', '수나 분량, 시간 따위가 원래보다 많아지다'의 뜻이므로 이 문제에서 원하는 어휘의 반대가 된다.
④의 '덜다'는 '일정한 수량이나 정도에서 얼마를 떼어 줄이거나 적게 하다', '그러한 행동이나 상태를 적게 하다'의 뜻을 가지고 있지만 세 문장에는 어울리지 않는다.

반의어 고르기

풀이전략

❶ 문장을 잘 읽고 뜻을 정확히 이해한다.
❷ 밑줄 친 단어와 반대의 의미를 가진 단어를 찾는다.
❸ 문장 안에서의 의미와 반대가 되는 뜻을 가진 단어
라야 한다.

1~2 다음 밑줄 친 부분과 의미가 반대인 것을 고르십시오.

1
12회 13번

이번 회의는 아주 중요하기 때문에 모두 <u>참석해야</u> 합니다.

① 속해야
② 빠져야
③ 떨어져야
④ 집중해야

  ❷

 이 문장에서 '참석하다'는 '모임이나 회의 같은 자리에 참여함'의 뜻을 나타내므로 뜻이 반대인 어휘는 '빠지다'이다. '빠지다'는 '어떤 일이나 모임에 참여하지 아니하다'의 뜻을 나타낸다.
예) 이번 학기에는 수업을 빠지지 않을 것이다.
① '속하다'는 '어디에 관계되어 있다'의 뜻을 나타낸다.
예) 그녀는 성적이 좋은 편에 속한다.
③ '떨어지다'는 '위에서 아래로 내려지다'의 뜻을 가진다.
예) 하늘에서 빗방울이 떨어지기 시작했다.
④ '집중하다'는 '한 가지 일에 모든 힘을 쏟음'의 뜻을 나타낸다.
예) 그녀는 언제나 집중하여 공부한다.

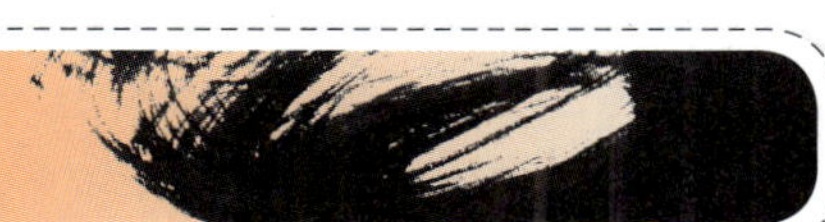

1~2 다음 밑줄 친 부분과 의미가 반대인 것을 고르십시오.

1 그렇게 큰일은 아닌 것 같으니까 <u>안심하고</u> 일이나 합시다.

① 결심하고
② 안도하고
③ 걱정하고
④ 포기하고

 **❸**

 '안심하다'는 '모든 걱정을 떨쳐 버리고 마음을 편히 가진다'는 뜻을 나타내므로 이것과 반대되는 말은 '걱정하다'가 된다.
①의 '결심하다'는 '할 일에 대하여 어떻게 하기로 마음을 굳게 정하다'는 뜻이다.
예) 내일부터 아침 일찍 일어나기로 결심했다.
②의 '안도하다'는 '안심하다'와 비슷한 말로 '어떤 일이 잘 진행되어 마음을 놓다'는 뜻이다.
예) 동생이 무사히 집에 돌아와 가족들이 안도의 한숨을 쉬었어요.
④의 '포기하다'는 '하려던 일을 도중에 그만두어 버리다'는 뜻이다.
예) 진학을 포기하다.

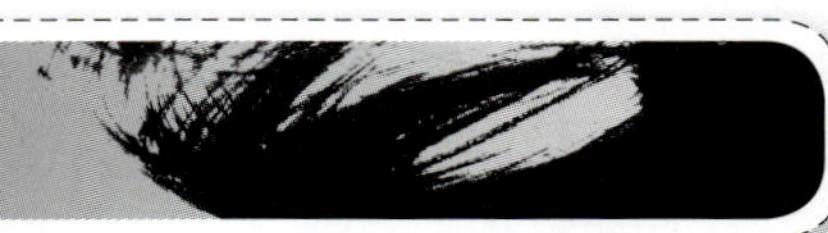

2
14회 12번

영화배우들은 아무리 <u>평범하게</u> 옷을 입어도 멋있어 보인다.

① 특별하게
② 불편하게
③ 비슷하게
④ 이상하게

 **❶**

 '평범하게'는 '뛰어나거나 특별한 점이 없이 보통'의 뜻을 나타내므로 뜻이 반대인 어휘는 '특별하게'이다. '특별하게'는 '보통과 다르게'의 뜻을 나타낸다.
예) 그는 나에게 특별한 존재이다.
② '불편하게'는 '몸이나 마음이 편하지 않게'의 뜻을 가진다.
예) 그 사람과 친하지 않아서 자리가 불편하다.
③ '비슷하게'는 '두 개의 대상이 전체적으로나 부분적으로 일치하게'의 뜻을 나타낸다.
예) 두 사람은 서로 비슷한 부분이 많다.
④ '이상하게'는 '정상적인 상태와 다르게'의 뜻을 나타낸다.
예) 봄인데 이상하게 눈이 많이 오네요.

실전문제

2 할머니는 귀가 <u>어두워서</u> 사람 말을 잘 듣지 못합니다.

① 커서
② 얇아서
③ 밝아서
④ 나빠서

  ❸

 '귀가 어둡다'는 관용표현으로 '잘 듣지 못 한다'는 뜻을 나타내고 '귀가 밝다'는 '잘 듣다'의 의미를 가지고 있다. 따라서 반대의 뜻을 가진 어휘는 ③이 된다.
②의 '귀가 얇다'는 '다른 사람의 말을 너무 쉽게 믿거나 잘 받아들인다'는 뜻이다.
예) 우리 남편은 귀가 얇아서 남의 말을 너무 잘 믿어요.

기출문제 2회

1
14회 13번

물을 <u>틀어</u> 놓고 설거지를 하는 습관은 고치는 것이 좋다.

① 부어
② 맞춰
③ 넣어
④ 잠가

 ❹

 위의 문장에서 '틀다'는 '물을 틀다'와 같이 '물이 나오게 하다'의 뜻을 나타낸다. 이것과 의미가 반대인 어휘는 ④번이 된다. '잠그다'는 '물이 흘러나오지 않도록 차단하다'의 뜻이므로 '틀다'와 반대이다.
① '붓다'는 '물이나 가루 등을 다른 곳에 담다'의 뜻을 나타낸다.
예) 냄비에 물을 붓고 라면을 끓이다.
② '맞추다'는 '어떤 기준이나 정도와 다르지 않게 하다'의 뜻을 나타낸다.
예) 그녀가 오늘은 시간에 맞추어 도착했다.
③ '넣다'는 '안쪽으로 들여보내다'의 뜻을 나타낸다.
예) 날씨가 추워서 손을 주머니에 넣었다.

실전문제 2회

1~2 다음 밑줄 친 부분과 의미가 반대인 것을 고르십시오.

1 내 동생은 성격이 <u>급해서</u> 밥도 너무 빨리 먹는다.

① 느긋해서
② 조급해서
③ 냉정해서
④ 얌전해서

  ❶

'급하다'는 '시간의 여유가 없어 일을 서두르거나 매우 빠르다'는 의미이다. 반대 어휘는 '느긋하다'로 '마음에 흡족하여 여유가 있고 넉넉하다'는 뜻이다.
②의 '조급하다'는 '참을성이 없이 몹시 급하다'의 뜻이므로 '급하다'와 비슷한 의미의 어휘라고 할 수 있다.
예) 조급한 성격
③의 '냉정하다'는 '생각이나 행동이 감정에 좌우되지 않고 침착하다' 또는 '정이 없고 차갑다'는 뜻이다.
예) 그의 성격은 매우 냉정하다.
④의 '얌전하다'는 '성품이나 태도가 침착하고 단정하다'는 뜻이다.
예) 수진이는 얌전하고 겸손해서 언제나 사람들의 칭찬을 많이 받는다.

2
11회 13번

저는 원래 <u>게을러서</u> 아침에 일찍 일어나지 못해요.

① 심심해서
② 괴로워서
③ 어지러워서
④ 부지런해서

 **정답** ④

 **풀이**
위의 문장에서 '게으르다'는 '행동이 느리고 움직이거나 일하기를 싫어하는 것'을 나타내는 표현으로 반대의 뜻을 가진 어휘는 ④번이다. '부지런하다'는 '어떤 일을 미루지 않고 꾸준히 열심히 하는 태도가 있음'의 뜻을 나타낸다.
예) 그는 항상 부지런하게 일을 한다.
① '심심하다'는 '일이 없어서 재미가 없다'의 뜻을 나타낸다.
예) 같은 동네에 살던 친구가 이사를 가서 심심하다.
② '괴롭다'는 '몸이나 마음이 편하지 않고 힘들다'의 뜻을 나타낸다.
예) 친구와 싸우고 나니 마음이 괴로웠다.
③ '어지럽다'는 '몸을 제대로 가눌 수 없고 정신이 없다'의 뜻을 나타낸다.
예) 그 소식을 듣고 나서 갑자기 어지러워졌다.

2 사람이 어떤 상황에서나 <u>침착하게</u> 행동하기는 어려운 일이다.

① 거만하게

② 겸손하게

③ 영리하게

④ 경솔하게

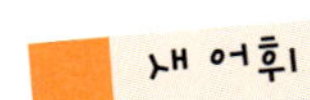
새 어휘

경솔하다: 말이나 행동이 조심성 없이 가볍다

예) 너무 경솔하게 행동하면 후회한다.

 ④

 '침착하다'는 '행동이 가볍지 않고 가라앉아 조용하다'라는 의미로, 이것과 반대의 뜻을 가진 어휘는 '말이나 행동이 가볍다'는 의미의 '경솔하다'가 된다.

①의 '거만하다'는 '잘난 체하며 남을 아래로 내려다 보다'라는 뜻이다.

예) 그녀는 거만하게 행동하며 다른 사람의 말을 잘 듣지 않았다.

②의 '겸손하다'는 '남을 존중하고 자기를 내세우지 않는 태도가 있다'라는 뜻이다.

예) 사람은 잘난 척하지 말고 겸손할 줄 알아야 한다.

③의 '영리하다'는 '눈치가 빠르고 똑똑하다'라는 뜻이다.

예) 내 동생은 매우 영리하다.

문맥에 알맞은 문법 고르기

문맥에 맞는 문법적인
문장이 되도록 ( ) 안에
알맞은 문법 표현을
골라 넣는 문제

풀이전략

❶ 주어진 대화문을 잘 읽고 전체의 내용을 파악한다.
❷ 빈칸에 알맞은 문법 표현을 선택한다.
❸ 전체를 다시 읽어보고 바른 문장과 자연스러운 대화가
되는지 확인한다.

1~5 다음 ( )에 알맞은 것을 고르십시오.

1
12회 14번

가: 유학 생활을 잘 할 수 있을지 걱정이에요.
나: 어디에 (   ) 지금처럼 열심히 하면 돼요.

① 가든지
② 가거든
③ 가도록
④ 가던데

 **정답** ❶

 **풀이**
위의 대화는 유학을 떠나기 전에 낯선 생활에 대한 걱정을 하는 상대방에게 위로와 격려의 말을 해주는 내용이다. ( ) 안에는 일정하지 않은 선택을 나타내는 '-든지'를 써야 한다. 과거를 나타내는 '-던지'와 혼동하지 않도록 주의한다.
②의 '-거든'은 '어떤 일이 사실이면'의 뜻을 나타내는 뜻이다.
예) 그분을 만나거든 꼭 안부 좀 전해 주세요.
③ '-도록'은 앞의 내용이 뒤에서 가리키는 사태의 목적이나 결과, 방식, 정도 따위가 됨을 나타내는 표현이다.
예) 나무가 잘 자라도록 열심히 물을 주었다.
④ '-던데'는 뒤에서 어떤 일을 설명하거나 질문, 지시, 제안하기 위해 그와 상관있는 과거 사실을 회상하여 미리 말할 때에 쓰는 표현이다.
예) 너 요즘 고향집에 가주 가던데 무슨 일 있는 거야?

1-5 다음 (   )에 알맞은 것을 고르십시오.

1

가: 어제는 날씨가 많이 (   ) 오늘은 좀 시원한 것 같네요.
나: 그러네요. 저도 어제 잠을 잘 못 잤어요.

① 더워도
② 덥더니
③ 더우니
④ 더우면

  **②**

 '어제는 날씨가 더웠는데 오늘은 좀 시원하다'는 내용이므로 두 문장을 연결하려면 '말하는 사람의 경험이 근거나 원인이 되어 뒤의 문장에서 결과로 나타나는 표현, 시간이 흐른 뒤의 변화된 내용을 나타내는 표현'으로 '-더니'를 써야 올바른 문장이 된다.
①번의 '-아/어도'는 앞의 사실은 인정하지만 뒤의 문장과는 관계가 없음을 나타내므로 여기에는 맞지 않는다.
예) 아무리 더워도 창문을 열면 안 돼요.
③번의 '-니'는 앞 문장이 뒤 문장의 이유나 원인, 또는 근거가 되므로 이것 역시 맞지 않다.
예) 너무 더우니 창문을 좀 열어주세요.
④번의 '-면'은 가정의 뜻을 나타낸다.
예) 더우면 시원한 물을 마셔라.

기출문제

2
12회 15번

가 : 선생님께서 조금 전에 뭐라고 하셨어요?
나 : 지난 주말에 뭘 (   ) 물어보셨어요.

① 하라고
② 하자고
③ 했느냐고
④ 했었다고

 **③**

 이 경우의 '-고'는 간접화법의 인용을 나타내는 말로 원래 화자의 말이 의문문이면 '-(느/으)냐고'를 써야 한다. 여기에 '지난 주말'이라는 과거시제를 나타내는 말이 쓰였으므로 ③의 '했느냐고'를 써야 올바른 문장이 된다.
②의 '-자고'는 다른 사람에게 어떤 행동을 권하거나 어떤 행동을 빨리 하라고 말할 때 쓰는 '-자'에 인용을 나타내는 표현 '-고'를 쓴 것이다.
예) 내가 어제 극장에 같이 가자고 했잖아.
④는 '-고'를 이용하여 서술문을 인용하는 경우이다.

2

가: 여기에서 (　　　) 12시 30분까지 오세요.
나: 알았어요. 12시 30분까지 갈게요.

① 기다리느라고
② 기다리려다가
③ 기다릴 테니까
④ 기다리려는데

 ❸

 '기다리다'와 '12시 30분까지 와라'를 연결할 수 있는 표현으로는 말하는 사람의 예정이나 추측 또는 주어의 의지를 나타내는 '-테니까'가 알맞다.
①번의 '-느라고'는 앞 문장의 상황이 뒤에 나오는 상황의 목적이나 원인이 됨을 나타내는 표현이므로 이 문제에는 맞지 않는다.
예) 시험공부하느라고 주말에 쉴 시간도 없었다.
②의 '-으려다가'는 의도를 나타내는 '-으려'와 '-다가'가 붙은 형태로 앞 문장의 의도나 생각, 계획이 이루어지지 못하고 뒤의 결과가 생겼음을 나타낸다.
예) 전화를 걸려다가 너무 늦은 것 같아서 못 걸었어요.
④의 '-려는데'는 '-려고 하는데'를 줄인 말이다. 의도를 나타내는 '-으려'와 앞 문장과 뒤 문장이 반대임을 나타내는 '-는데'가 같이 쓰인 형태로 어떤 의도나 생각, 계획이 이루어지지 못하고 반대의 경우가 생겼음을 나타낸다.
예) 막 나가려는데 손님이 오셨다.

3
15회 15번

가: 좀 쉬고 싶어요. 오랫동안 걸었더니 다리가 아프네요.
나: 조금만 더 가면 (　　　) 곳이 있어요.

① 쉴 뿐인
② 쉴 만한
③ 쉴 뻔한
④ 쉬는 듯한

 ❷

'나'는 오랫동안 걷기만 해서 힘들어하는 사람에게 조금만 참으면 쉴 수 있다고 위로를 해주고 있다. (　　　)에는 동사에 붙어서 '동작이나 상태가 그 정도에 가깝다' 또는 '그럴만한 가치가 있음'을 나타내는 '-을 만하다'를 쓴다.
①의 '-뿐'은 어미 '-을'의 뒤에 쓰여 다만 어떠하거나 어찌할 따름이라는 뜻을 나타낸다.
예) 그 이야기는 소문으로만 들었을 뿐이다.
③의 '뻔한'은 조금만 잘못했으면 앞에서 말하는 상태나 상황이 되었을 것인데 다행히 그렇게 되지 않았음을 나타낸다.
예) 조심하지 않았으면 큰일 날 뻔한 사건이었어요.
④의 '쉬는 듯한'에서 '-듯'은 앞의 동작이나 상태와 비슷하다는 것을 나타내는 말로 '-(으)ㄴ 것 같다'와 비슷한 뜻을 가지고 있다.
예) 땅이 젖은 것을 보니 비가 온 듯하다.

3

가: 요즘 일이 힘든가 봐요. 많이 피곤해 보여요.
나: 어젯밤 야근을 (　　　) 잠을 못 잤어요.

① 했더라면
② 하는 바람에
③ 하려던 참에
④ 하기 때문에

 ❷

 야근을 하느라고 잠을 못 자서 피곤하다는 내용으로 앞의 '야근'은 뒤의 잠을 못 잔 원인이나 이유가 된다. 그러므로 앞의 동작에 따라 또는 그 영향으로 뒤 문장에 어떤 결과가 나옴을 나타내는 '–는 바람에'가 와야 한다. 이 때 뒤 문장의 내용은 대부분 부정적인 표현이 온다.
앞 문장의 원인으로 뒤의 결과가 나온다는 표현으로는 ④번의 '–기 때문에'도 될 수 있을 것 같지만 이 경우에는 '어젯밤'이라는 과거 시제가 나왔으므로 '했기 때문에'의 형태로 써야 한다.
①의 '–더라면'은 과거의 사실을 실제와 다르게 가정해 보는 뜻을 나타내는 표현이다.
예) 그 사람을 만났더라면 좋았을 것을.
③의 '–려던 참에'는 무언가를 할 의도를 가지고 있던 '그 순간'을 나타낼 때 쓴다.
예) 외출을 하려던 참에 친구가 왔어요.

4
11회 **16**번

보통 때는 공부를 안 해도 시험 때(　　　) 열심히 공부해야지.

① 밖에는
② 조차
③ 까지도
④ 만큼은

 ④

 이 문제는 보통 때는 공부를 안 하더라도 시험 때는 꼭 공부를 해야 한다는 말로, 앞말과 비슷한 정도나 한도임을 나타내는 보조사인 ④의 '만큼'을 쓴다. 뒤에 붙은 '－은'도 보조사이며 앞의 어휘를 강조한다.
예) 나도 잘 못하지만 너만큼은 할 수 있을 것 같다.
　　 다른 것은 몰라도 부모님께 만큼은 잘해 드리고 싶었어요.
①의 '밖에'는 '그것 말고는', '그것 이외에는'의 뜻을 나타내는 말로 뒤에는 반드시 부정적인 의미를 나타내는 말이 온다.
예) 영수는 공부밖에 모르는 학생입니다.
　　 이제 하나밖에 남지 않았어요.
②의 '조차'는 이미 어떤 것이 포함되고 그 위에 더함의 뜻을 나타낸다. 일반적으로 예상하기 어려운 극단의 경우까지 포함함을 나타낸다.
예) 그는 편지는커녕 제 이름조차 못 쓴다.
③의 '까지'는
1. 어떤 일이나 상태 등에 관련되는 범위의 끝임을 나타내는 보조사이다. 흔히 앞에는 시작을 나타내는 '부터'나 출발을 나타내는 '에서'가 와서 짝을 이룬다.
예) 서울에서 부산까지 KTX로 3시간이면 갈 수 있습니다.
2. 이미 어떤 것이 포함되고 그 위에 더한다는 뜻을 나타낸다.
예) 너까지도 나를 못 믿겠니?
　　 송편이 맛뿐만 아니라 모양까지 좋구나.
3. 그것이 극단적인 경우임을 나타내기도 한다.
예) 아이가 장난감 자동차를 저렇게까지 좋아할 줄은 몰랐네요.
▶ '도'는 '까지', '마저', '조차'와 함께 쓰이기도 한다. '까지', '마저', '조차'는 화자가 잘 기대하지 않았던 극단적인 일에 쓰이며 이 중 가장 극단적인 일에만 쓰이는 것은 '조차'이다. 또한 긍정문에도 쓰이는 '까지', '도'와 달리 '마저'와 '조차'는 뒤 문장이 부정문인 경우가 많다.

실전문제

4   저 음식점은 값도 (　　　) 맛도 좋더군요.

① 쌀 바에야
② 싸기는커녕
③ 쌀 뿐만 아니라
④ 싼 것은 아니지만

 ③

 이 문장은 음식점이 값도 싸고 맛도 좋다는 내용이므로 앞의 문장에 뒤의 문장을 더한다는 뜻을 가진 ③번의 '-뿐(만) 아니라'를 써야 한다.
①의 '바에야'는 앞 문장의 행동보다 뒤 문장의 행동이 더 나음을 나타냄.
예) 그렇게 누워만 있을 바에야 차라리 놀러나가는 게 낫겠다.
②번의 '-기는커녕'은 어떤 사실을 부정하는 것은 물론 그보다 덜하거나 못한 것까지 부정하는 뜻을 나타내는 보조사로 명사나 체언류, 또는 부사어 뒤에 붙여 쓴다.
예) 점심을 먹기는커녕 아침도 못 먹었어요.
④번은 비록 싸지는 않지만 음식은 맛있다는 의미이다.

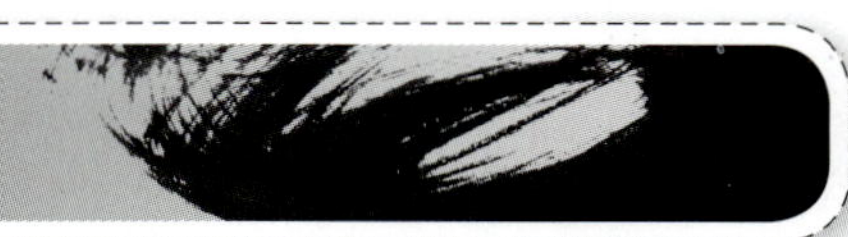

5
13회 **18**번

신제품이 (　　　) 사러 갔더니 벌써 다 나가고 없었다.

① 나왔다기에
② 나왔더라면
③ 나오나마나
④ 나오려다가

 ❶

 위 문제는 앞의 '신제품이 나왔다' 와 '사러 가다'를 연결해줄 수 있는 원인이나 근거를 나타내는 연결 어미가 쓰여야 하므로 ①의 '-기에'를 써야 올바른 문장이 된다. ①'나왔다기에'는 '나왔다고 하기에'의 줄인 말이며 구어에서 흔히 '-길래'로 쓰이기도 한다.
예) 신제품이 나왔다기에 가 보았더니 벌써 다 팔렸어요.
②의 '나왔더라면'은 가정을 나타내는 표현이므로 맞지 않는다.
예) 신제품이 나왔더라면 벌써 샀을 것이다.
③의 '-나마나'는 부정의 뜻이 있는 '말다'와 같이 쓰여 앞의 동사가 나타내는 행동이나 상태가 쓸모없거나 헛된 일임을 말한다.
예) 너무 늦어서 지금은 가나마나입니다.
④의 '-려다가'는 '-려고 하다가'의 줄인 형태로 앞의 동작을 할 생각을 가지고 있었는데 도중에 다른 행동이 더해지면서 처음에 생각했던 행동을 끝내지 못하고 다른 행동을 하는 것을 나타낸다.
예) 공부를 하려다가 너무 피곤해서 그냥 잤어요.

실전문제

5

가: 차를 샀나 봐요. 굉장히 멋진데요.
나: 중고차(　　　) 괜찮은 것 같아요.

① 치고는
② 까지는
③ 부터는
④ 밖에는

  ❶

중고차는 새 차에 비해서 별로 좋지 않다는 것이 일반적인 생각인데 예상했던 것보다 괜찮다는
내용이므로 '그중에서는 예외적으로'의 뜻을 나타내는 표현인 '치고는'이 들어가야 한다.
②의 '까지'는
1. 어떤 일이나 상태 등이 끝임을 나타낸다. '는'은 앞의 말을 더 강조할 때 사용한다.
예) 10시까지(는) 꼭 와야 합니다.
2. 이미 어떤 것이 포함되고 그 위에 더함의 뜻을 나타낸다.
예) 선생님까지 저를 믿지 못하시는군요.
③번의 '부터는'은 어떤 일이나 상태 등에 관련된 범위의 시작임을 나타내는 말이다.
④의 '밖에는'은 '그것 말고는', '그것 이외에는'의 뜻을 나타내는 말로 뒤에는 부정을 나타내는
말이 온다.
예) 그 아이는 공부밖에 모르는 학생이었어요.

1~5 다음 ( )에 알맞은 것을 고르십시오.

1
12회 14번

가 : 옷을 왜 다 꺼내 놓았니?

나 : 예전에 가끔 (   ) 옷들 중에서 필요 없는 것은 버리려고…….

① 입는

② 입을

③ 입었던

④ 입겠던

 ❸

 이 문제는 동사의 관형형을 묻는 것으로 현재시제에는 '–는'을 쓰고 미래시제에는 '–을', 과거시제에는 '–은'을 쓴다. 또한 과거시제 관형형에는 '–던'과 '–었던'도 있는데 위의 문장에서는 '예전에 가끔'이라는 시간을 나타내는 표현과 함께 과거에 어떤 경험을 하고 그것을 생각하며 말하는 '–던'을 써야 하기 때문에 과거시제 관형형 어미인 '–었던'이 들어가야 한다.
④번의 '입겠던'의 '–겠–'은 미래나 추측 또는 의지를 나타내는 표현이므로 맞지 않다.

1-5 다음 ( )에 알맞은 것을 고르십시오.

1

가: 너는 어쩜 그렇게 컴퓨터를 잘 다루니?
나: 고장 난 컴퓨터를 혼자서 (   ) 실력이 늘었어.

① 고치기까지
② 고치다가는
③ 고치다 보니
④ 고치나마나

  ❸

'나'의 문장은 '컴퓨터를 고치다'와 '실력이 늘다'를 연결해주는 표현이 와야 한다. 이 경우에는 어떤 시점에서 그때까지의 과정을 기본으로 뒤의 결과가 나타난 것을 뜻하는 '-다(가) 보니'가 와야 올바른 문장이 된다.
①번의 '-기 까지'는 지금까지의 과정을 나타내는 표현이다.
예) 이렇게 되기까지(는) 참으로 힘들었습니다.
②번의 '-다가는'은 어떤 동작이나 상태 따위가 중단되고 다른 동작이나 상태로 바뀜을 나타내는 표현이다.
예) 공부를 조금 하다가는 잠이 들고, 또 깼다가 잠이 들고 했어요.
④의 '-나마나'는 부정의 뜻이 있는 '말다'와 같이 쓰여 앞에 있는 동사의 행동이나 상태가 쓸모 없거나 헛된 일인 것을 나타낸다.
예) 해보나마나 안 될 거예요.

2
10회 15번

가: 혼자 생활하기 힘들지 않으셨어요?
나: 많이 힘들었죠. 아파서 누워 있을 때는 (　　　) 운 적도 있어요.

① 밤새도록
② 밤새우려고
③ 밤새울수록
④ 밤새우니까

 ❶

 '밤새도록'은 '밤이 지나 날이 밝아 오다'라는 뜻으로 '-도록'은(동사나 일부 형용사 또는 어미 '-으시-' 뒤에 붙어) 앞의 내용이 뒤에서 가리키는 사태의 목적이나 결과, 방식, 정도 등이 됨을 나타내는 표현이다.
예) 아기가 잘 자도록 조용히 해야 한다.
　　학생들은 밤새도록 토론을 계속하였다.
②의 '-려고'는 어떤 행동을 할 생각이나 목표를 가지고 있음을 나타낸다.
예) 내일은 등산을 가려고 해요.
③의 '-ㄹ 수록'은 앞에서 말하는 일의 어떤 정도가 그렇게 더하여 가는 것이, 뒤 문장의 조건이 됨을 나타내는 말이다.
예) 어린 아이일수록 영양이 더 많이 필요하다.
④의 '-니까' 역시 뒤 문장에서 말하는 것의 이유나 원인을 나타내는 말이다.
예) 그렇게 말씀해 주시니까 정말 고맙네요.

실전문제

2

가: 음식들이 정말 맛있네요!
나: 제 친구가 음식을 (　　　) 도와달라고 부탁했어요.

① 잘하거든
② 잘하더니
③ 잘하기에
④ 잘하든지

 ❸

 '친구가 음식을 잘한다'와 '도와달라고 부탁하다'를 연결해줄 수 있는 원인이나 근거를 나타내는 연결 어미가 쓰여야 하며 이런 경우에는 ③의 '-기에'가 맞다. 구어에서 흔히 '-길래'로 쓰이기도 한다.
①의 '-거든'은 '어떤 일이 사실이면'의 뜻을 나타낸다.
예) 도서관에 가거든 이 책 좀 찾아다 줄래?
②의 '-더니'는 말하는 사람의 경험이 근거나 원인이 되어 뒤의 문장에서 결과로 나타나기도 하고 시간이 흐른 뒤의 변화된 내용을 나타내기도 한다.
예) 친구가 음식을 잘 한다더니 정말 맛있네요.
④의 '-든지'는 일정하지 않은 선택을 나타낸다. 과거를 나타내는 '-던지'와 혼동하지 않도록 주의한다.

3
13회 16번

누군가 갑자기 뒤에서 어깨를 (　　　) 커피를 쏟았다.

① 쳤다가
② 치는 바람에
③ 치려던 참에
④ 칠 뿐만 아니라

 ❷

 누군가 갑자기 뒤에서 어깨를 친 것이 원인이 되어 커피를 쏟게 되었으므로 원인과 결과를 연결
해주는 '-는 바람에'를 사용한다. '-는 바람에'는 명사 '바람'과 '원인'을 나타내는 '에'가 결합한
형태로 앞의 동작에 따라 또는 그 영향으로 뒤 문장에 어떤 결과가 나옴을 나타낸다. 이 때 뒤 문
장의 내용은 대부분 부정적이다.
예) 버스가 갑자기 멈추는 바람에 승객들이 모두 놀랐습니다.
①의 '-다가'는 어떤 동작이나 상태 따위가 중단되고 다른 동작이나 상태로 바뀜을 나타내는
표현이다.
예) 아이는 공부를 하다가 잠이 들었다.
③의 '-려던 참에'는 의도를 나타내는 '-려고 하다'와 과거를 생각하는 표현인 '-던'이 붙어
'앞으로 어떤 행동을 하려고 하는 중이다'라는 뜻이다.
예) 배가 고프던 참에 마침 동생이 라면을 끓여 와서 맛있게 먹었다.

3

가: 우리 아이가 중학생이 되고 나서 말을 너무 안 들어서 걱정이에요.

나: 사춘기 아이한테는 (　　　) 칭찬을 해 주는 것이 더 좋대요.

① 혼내기로서니
② 혼내기 때문에
③ 혼내기 위해서
④ 혼내기보다는

  ④

이 문제는 사춘기 아이가 말을 잘 안 들을 때는 혼내는 것이 좋은 방법이 아니라 칭찬을 해주는 것이 더 좋다는 내용이므로 두 가지 상황에서 비교를 하는 ④번의 '-보다는'이 와야 자연스러운 문장이 된다.

①의 '-기로서니'는 앞에서 설명하는 사실이나 상황을 알지만 인정하기에는 힘들다는 의미를 나타낸다. '-기로'만 쓰기도 한다.

예) 아무리 바쁘기로서니 밥 먹을 시간도 없단 말이니?

②의 '-기 때문에'는 앞의 동작이 원인이나 이유가 되어 뒤의 동작이 이루어짐을 나타낸다.

예) 아침을 너무 많이 먹었기 때문에 점심은 못 먹겠어요.

③의 '-기 위해서'는 '어떤 목적을 이루려고 하다'는 뜻을 나타내는 표현이다.

예) 맛있는 음식을 만들기 위해서 아침부터 바쁩니다.

4
14회 18번

가 : 교수님, 말씀하신 논문 정리 다 마쳤습니다.
나 : 수고했어. 처음 하는 일(   ) 꼼꼼하게 잘했네.

① 조차
② 치고는
③ 만큼은
④ 이야말로

 **정답**   ❷

 **풀이**   '나' 문장은 처음 하는 일이기 때문에 잘 하지 못할 거라고 생각했는데 예상했던 것보다 잘 했다는 내용이다. 따라서 (   )안에는 '예상했던 것과는 다른'을 나타내는 조사가 들어가야 한다. ②번의 '치고는'은 '예외적으로'의 뜻을 나타내는 보조사이다.
예) 여름 날씨치고는 시원하다.
①의 '조차'는 이미 어떤 것이 포함되고 그 위에 더함의 뜻을 나타내는 보조사로 일반적으로 예상하기 어려운 마지막의 경우까지 포함함을 의미한다.
예) 이렇게 쉬운 문제조차 못 풀면 어떻게 합격을 바라겠어요?
③의 '만큼'은 앞의 내용에 상당하는 수량이나 정도임을 나타내는 말로 뒤에 '-은, -을' 등의 보조사와 같이 쓸 수 있다.
예) 나도 당신만큼은 할 수 있어요.
④의 '이야말로'는 앞의 어휘를 강조하여 확인하는 뜻을 나타내는 표현이다.
예) 그 사람이야말로 믿을 수 있는 사람이에요.

실전문제

4

가: 이번 여름 방학 때 유럽 여행을 갈 생각인데 같이 가지 않을래?

나: 돈을 좀 (　　　) 나중에 가려고 생각 중이야.

① 모을지라도

② 모아 가지고

③ 모을 것인데

④ 모을 듯 말 듯

 ❷

'나'의 문장은 돈을 모아서 나중에 여행을 가겠다는 생각을 나타내는 내용으로 여기에서는 '돈을 모으다'를 강조하고 있다. 따라서 앞에 오는 말을 강조하여 나타내는 '-아/어 가지고'를 써야 한다.

①의 '-(으)ㄹ 지라도'는 어떤 동작이나 상태를 인정한다고 해도 그것과 관계없이 어떤 일을 해야 한다는 의미를 나타낸다.

예) 비가 올지라도 나는 떠날 거예요.

③의 '-(으)ㄴ데'는

1. 뒤의 문장을 말하기 위하여 직접 또는 간접적으로 관련된 상황을 설명할 때 쓰는 표현이다.

예) 비도 오는데, 어디 가서 술이나 한 잔 할까요?

2. 앞과 뒤가 서로 반대되거나 뒤의 상황을 나타내는 경우에 쓴다.

예) 여름은 더운데 겨울은 너무 추워요.

　　 밥을 먹고 있는데 전화가 왔어요.

④의 '-(으)ㄹ 듯 말 듯'은 어떤 행동을 할 것 같기도 하고 안 할 것 같기도 한 상황을 나타낸다.

예) 그 사람은 차를 탈 듯 말 듯 하고 있어요.

5
11회 17번

가: 이것보다 더 효과적인 방법이 없을까?
나: 그런 방법 찾기 전에는 이대로 (   ) 없어요.

① 하다시피
② 할 수밖에
③ 하려다가
④ 하는 대신에

  ❷

 '나' 문장은 다른 방법을 찾지 못하면 지금 이대로 하는 것 외에는 다른 방법이 없다는 내용이다. 따라서 다른 수가 없다는 뜻의 '-수밖에'를 써야 한다. 뒤에는 '없다', '않다' 등의 부정표현이 온다.
①의 '-다시피'는 경험을 나타내는 동사 뒤에 쓰여 '경험한 대로, 경험한 것처럼'의 뜻을 나타낸다.
예) 보시다시피 너무 바쁩니다.
③의 '-려다가'는 '-려고 하다가'의 줄인 형태로 앞의 동작을 할 생각을 가지고 있었는데 도중에 다른 행동이 더해지면서 처음에 생각했던 행동을 끝내지 못하고 다른 행동을 하는 것을 나타낸다.
예) 책을 보려다가 친구 전화를 받고 외출했어요.
④의 '-는 대신에'는 어떤 대상과 자리를 바꾸어서 있게 되거나 그 대상이 하게 될 역할을 바꾸어서 하게 됨을 나타내는 표현이다.
예) 친구 대신에 제가 청소를 했어요.

실전문제

5

가: 오늘따라 (　　　) 달빛이 환한 것 같아!
나: 몰랐구나! 오늘이 보름이잖아.

① 마침내
② 유난히
③ 온전히
④ 완전히

새 어휘

유난히: 보통과 아주 다르게
　　예) 공휴일도 아닌데 고속도로에 유난히 차가 많다.

온전히: 본래의 그대로
　　예) 어제 일을 많이 해서 오늘 하루는 온전히 푹 쉬어야 한다.

정답 ❷

풀이 이 문제는 달빛은 늘 환했지만 오늘 더욱 환하게 보인다는 내용이므로 상태가 보통과 아주 다르다는 뜻의 '유난히'가 맞다.
① '마침내'는 '드디어 마지막에는'의 뜻을 나타낸다.
예) 마침내 논문이 통과됐어요.
③의 '온전히'는 '본래의 그대로'라는 뜻이다.
예) 하루를 온전히 쉬었어요.
④의 '완전히'는 '필요한 것이 모두 갖추어져 모자람이나 흠이 없다'는 뜻이다.
예) 이번 일로 두 사람은 완전히 끝났다.

바른 문장 고르기

문법 형태나 어휘 등의 표현이 문맥에 맞게 쓰인 문장을 고르는 문제

풀이전략

❶ 먼저 문장을 잘 읽어보고 바르지 않은 곳에 체크해 둔다.

❷ 피동이나 사동법 문제는 주어와 목적어를 잘 보고 바른 문장인지 확인한다.

❸ 문장의 연결이 자연스러운가를 확인한다.

Test of
PROFICIENCY
in KOREAN

1~5 다음 밑줄 친 부분이 맞는 것을 고르십시오.

1
13회 19번

① 드디어 그 도둑이 경찰한테 <u>잡았다</u>.

② 산 정상에 올라가면 바다가 잘 <u>보여진다</u>.

③ 여기는 조용해서 전화 소리가 잘 <u>들어진다</u>.

④ 요즘 갑자기 날씨가 더워져서 에어컨이 많이 <u>팔린다</u>.

  ④

 피동사에 의한 피동법, 사동사에 의한 사동법이 맞게 쓰였는지 알아보는 문제

▶피동문→주어가 다른 주체에 의해 어떤 동작을 당하게 되는 것을 피동이라고 하며 주어가 다른 사람에게 어떤 동작을 시키는 형태인 사동과는 약간의 차이가 있다. 피동과 사동의 구별은 사동문의 경우 반드시 목적어가 있다는 점이다.

▶사동문→선생님께서 내게 <u>책을</u> 읽히셨다. (목적어→책을)

피동문의 종류는 '아기가 엄마에게 안기다'와 같이 동사의 어간에 '이, 히, 리, 기'와 같은 피동 접미사가 연결되거나 '-어지다, -게 되다'처럼 '새로운 사실이 김 박사에 의해 밝혀졌다'의 문장으로 된 형태가 있다.

예) 사냥꾼이 토끼를 잡았다→토끼가 사냥꾼에게 잡히었다.(잡혔다)

나머지 문장을 바른 문장으로 고치면 다음과 같다.

① 드디어 그 도둑이 경찰한테 <u>잡혔다</u>.

② 산 정상에 올라가면 바다가 잘 <u>보인다</u>.

③ 여기는 조용해서 전화 소리가 잘 <u>들린다</u>.

1~5 다음 밑줄 친 부분이 맞는 것을 고르십시오.

1

① 차를 주차하고 나서 열쇠를 경비실에 <u>맡았다</u>.

② 날씨가 추워서 아기에게 두꺼운 옷을 <u>입었다</u>.

③ 그 남자는 말을 재미있게 해서 사람들을 <u>웃는다</u>.

④ 동생의 합격 소식을 가족들에게 가장 먼저 <u>알렸다</u>.

경비: 도둑이나 재난 사고 등을 막기 위해 미리 살피고 지키는 일 또는 그런 일을 하는 사람

예) 아파트 경비실

 ❹

 피동이나 사동표현을 고르는 문제

① 차를 주차하고 나서 열쇠를 경비실에 <u>맡겼다</u>.

② 날씨가 추워서 아기에게 두꺼운 옷을 <u>입혔다</u>.

③ 그 남자는 말을 재미있게 해서 사람들을 <u>웃긴다</u>.

2
15회 23번

① 알고 보니 그 서류가 <u>집에다가</u> 있었다.

② 지금은 자신의 <u>능력이야말로</u> 키워야 한다.

③ 그래도 <u>2등이나마</u> 할 수 있어서 다행이다.

④ 어젯밤에 배가 고파서 <u>라면이라도</u> 끓여 먹었다.

 ❸

 알맞은 문법표현을 고르는 문제
①의 '–에다가'는 어떤 행위의 영향을 받는 대상임을 나타내는 '에'에 강조하기 위한 '다가'가 결합된 표현이다.
예) 돈을 지갑에다가 넣어 두어라.
①이 올바른 문장이 되기 위해서는 사람이나 사물이 존재하거나 위치하는 곳을 나타내는 '에'가 되어야 하고, 이 경우 '다가'로 강조할 수 없다.
② '–(이)야말로'는 강조하여 확인하는 뜻을 나타내는 표현이다.
예) 서울이야말로 대도시의 모습을 느낄 수 있는 곳이다.
③ '–(이)나마'는 어떤 상황이 이루어지거나 어떻다고 말하기에는 부족한 조건이지만 아쉬운 대로 인정된다는 것을 나타내는 표현으로 바른 문장이다.
④ '이라도'는 그것이 아주 좋은 것은 아니지만 그런대로 괜찮다는 뜻을 나타낸다.
예) 배가 고픈데 다른 것이 없으니 라면이라도 끓여 먹어야겠다.

나머지 문장을 바른 문장으로 고치면 다음과 같다.
① 알고 보니 그 서류가 <u>집에</u> 있었다.
② 지금은 자신의 <u>능력을</u> 키워야 한다.
④ 어젯밤에 배가 고파서 <u>라면을</u> 끓여 먹었다.

실전문제

2

① 조금만 일찍 <u>서둘렀기에</u> 기차를 놓치지 않았을 거예요.

② 우리 오랜만에 <u>만났으니</u> 어디 가서 술 한 잔 합시다.

③ 그 사람은 잘 생기지는 <u>못하므로</u> 성격이 참 좋아요.

④ 오늘 하루 종일 너무 <u>바빴지만</u> 점심도 못 먹었어요.

①의 문장에는 서둘렀다면 기차를 놓치지 않았을 거라는 가정을 의미하는 표현이 와야 하므로 원인이나 근거를 나타내는 '−기에'는 맞지 않는다.

③은 '잘 생기지 못했다'와 '성격이 좋다'의 두 문장이 앞에는 부정적 표현이고 뒤에는 '그럼에도 불구하고'라는 긍정적 표현이 오므로 '잘 생기지는 못했지만'이 와야 한다.

④는 '점심도 못 먹다'가 앞 문장 '바쁘다'라는 원인의 결과가 되기 때문에 이 두 문장을 연결하려면 '−아/어서'가 와야 한다. 그러므로 이 문장은 문법에 맞지 않다.

나머지 문장을 바른 문장으로 고치면 다음과 같다.

① 조금만 일찍 <u>서둘렀더라면</u> 기차를 놓치지 않았을 거예요.

③ 그 사람은 잘 생기지는 <u>못했지만</u> 성격이 참 좋아요.

④ 오늘 하루 종일 너무 <u>바빠서</u> 점심도 못 먹었어요.

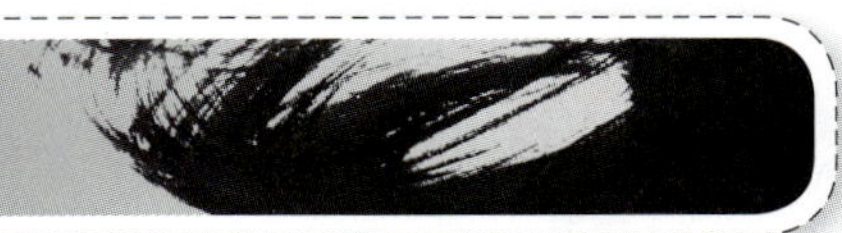

3
10회 22번

① 비가 <u>그치고 나면</u> 하늘이 맑게 개기 시작했다.

② 내가 머리가 <u>아팠다지만</u> 동생이 약을 지어다 줬다.

③ 서둘러서 집에 <u>갔더니</u> 친구가 막 집을 나서고 있더군요.

④ 이 방은 할아버지께서 <u>쓰셨다가</u> 지금은 제가 쓰고 있어요.

  ❸

 문장을 연결해주는 어미가 바르게 쓰인 것을 고르는 문제
① '-면'은 가정적인 뜻을 가지고 있어서 뒤 문장의 동작이나 상태가 이루어지기 위한 조건을 나타내는 말이다.
예) 비가 그치고 나면 하늘이 맑게 갤 것이다.
② '-지만'은 앞 문장의 사실을 인정하나 뒤의 문장에는 그와 반대되거나 부정적인 표현 또는 관계없는 말이 올 때 주로 쓴다.
예) 일은 힘들지만 재미있어요.
③ '더니'는 말하는 사람의 경험이 근거나 원인이 되어 뒤의 문장에서 결과로 나타남을 표현하기도 하고 시간이 흐른 뒤의 변화된 내용을 나타내기도 한다.
예) 그렇게 열심히 공부하더니 결국 합격했군요.
④ '-다가'는 계속되던 동작이나 상태가 중지되고 시간의 흐름에 따라 상황이 바뀌게 되는 것을 나타낸다. 이 경우에는 과거시제를 나타내는 '-았/었/였'은 쓰지 않는데, 만약 과거시제 표현이 쓰이면 앞 문장의 동작이 중단되었음을 나타내는 것으로 이때는 앞과 뒤 문장의 주어가 동일해야 한다.
예) 약속을 했다가 취소하면 안 됩니다.

나머지 문장을 바른 문장으로 고치면 다음과 같다.
① 비가 <u>그치고 나니</u> 하늘이 맑게 개기 시작했다.
② 내가 머리가 <u>아프니까(아파서/아프다고 했더니)</u> 동생이 약을 지어다 줬다.
④ 이 방은 할아버지께서 <u>쓰시다가(쓰셨는데)</u> 지금은 제가 쓰고 있어요.

3

① 올해는 꼭 결혼을 <u>했더라도</u> 하는 바람입니다.

② 살이 자꾸 <u>쪘다가</u> 다이어트를 해야 할 것 같아요.

③ 아까는 기분이 좋아 <u>보였다고</u> 지금은 우울해 보이네요.

④ 영화가 얼마나 <u>재밌던지</u> 너무 웃어서 배가 아플 정도였어요.

정답 ❹

풀이 ①은 결혼을 하기를 바란다는 내용의 문장이 되어야 하므로 가정을 나타내는 표현이 와야 한다. 따라서 '결혼을 했으면 하는 바람'이 된다.
②의 문장은 '살이 찌다'와 '다이어트를 한다'에서 앞의 원인이 뒤의 결과를 나타내므로 '-아/어서'가 되어야 한다. 따라서 '살이 쪄서 다이어트를 해야 할 것 같다'가 맞는 문장이다.
③은 '아까는 기분이 좋았다'에서 '지금은 우울해 보인다'로 상황이 변한 것이므로 앞 문장에서 다른 상황으로의 전환을 나타내는 '-는데'가 와야 한다.

나머지 문장을 바른 문장으로 고치면 다음과 같다.
① 올해는 꼭 결혼을 <u>했으면</u> 하는 바람입니다.
② 살이 자꾸 <u>쪄서</u> 다이어트를 해야 할 것 같아요.
③ 아까는 기분이 좋아 <u>보였는데</u> 지금은 우울해 보이네요.

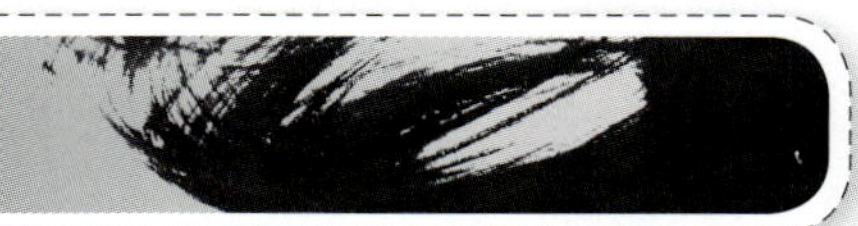

4
14회 20번

① 우리 부모님은 자식들을 <u>함부로</u> 사랑하신다.

② 내 애인은 <u>제법</u> 못생겼지만 마음이 참 넓다.

③ 밖이 <u>그다지</u> 덥지 않아서 외출해도 괜찮겠다.

④ 산 위에서 본 마을의 모습은 <u>마치</u> 아름다웠다.

 ❸

 부사가 맞게 쓰였는지를 알아보는 문제
①의 '함부로'는 깊이 생각하지 않거나 조심하지 않고 마음대로 행동하는 것을 말한다.
예) 남의 물건을 함부로 가져오면 안 된다.
② '제법'은 수준이나 솜씨가 어느 정도에 이르렀음을 나타내는 말이다.
예) 이제 날씨가 제법 춥다.
④의 '마치'는 (주로 '처럼', '듯', '듯이' 따위가 붙은 단어나 '같다', '양하다' 등과 함께 쓰여)
거의 비슷하다는 뜻으로 쓴다.
예) 그는 마치 영화배우처럼 잘 생겼어요.

나머지 문장을 바른 문장으로 고치면 다음과 같다.
① 우리 부모님은 자식들을 <u>많이</u> 사랑하신다.
② 내 애인은 <u>아주(또는 '조금')</u> 못생겼지만 마음이 참 넓다.
④ 산 위에서 본 마을의 모습은 <u>정말</u> 아름다웠다.

4

① 그 어려운 일을 해내다니 <u>참으로</u> 대단하구나.

② 그렇게도 열심히 공부하더니 <u>오히려</u> 성공했군요.

③ 한국 사람도 <u>마침내</u> 한국어 문법을 잘 모를 때가 있어요.

④ 자기가 잘못해 놓고 <u>저절로</u> 큰 소리만 치다니 말도 안돼요.

  **①**

'참으로'는 '사실이나 이치에 조금도 어긋남이 없이 과연'이라는 뜻을 나타내므로 '어려운 일을 해낸 것이 대단하다'는 앞뒤의 문맥이 자연스럽다.

②의 '오히려'는 '일반적인 기준이나 예상, 짐작, 기대와는 전혀 반대가 되거나 다르게'라는 뜻이다.

예) 오히려 제가 미안합니다.

③ '마침내'는 '드디어 마지막에는'의 뜻을 나타낸다.

예) 마침내 영수가 선생님이 되었군요.

④ '저절로'는 '다른 힘을 빌리지 아니하고 제 스스로'라는 뜻을 나타낸다.

예) 아이는 저절로 크는 것이 아닙니다.

나머지 문장을 바른 문장으로 고치면 다음과 같다.

② 그렇게도 열심히 공부하더니 <u>드디어</u> 성공했군요.

③ 한국 사람도 <u>때로는(종종, 가끔은)</u> 한국어 문법을 잘 모를 때가 있어요.

④ 자기가 잘못해 놓고 <u>오히려</u> 큰 소리만 치다니 말도 안돼요.

5
12회 **23**번

① 서울에 <u>갈 김에</u> 선생님 댁에 갔었다.

② 옷을 <u>입은</u> 채로 물에 들어가면 안 된다.

③ 여행도 가고 친구도 <u>만난 겸</u> 기분이 좋았다.

④ 나라마다 언어가 <u>다를 정도로</u> 문화도 다르다.

 ❷

 알맞은 문법표현을 찾는 문제

①의 '김에'는 '-는+김+에'의 형태로 앞의 동작을 하는 기회에 같이 뒤의 동작을 한다는 뜻을 나타낼 때 쓰며 원래의 목적은 앞의 동작에 있다.

예) 서울에 간(가는) 김에 선생님 댁에 갔었다.

② '-ㄴ 채로'는 '이미 있는 상태 그대로 있다'는 뜻을 나타내는 말이다.

③의 '겸'은 앞의 동작과 뒤의 동작이 함께 이루어지는 것을 나타낸다.

예) 여행도 하고 친구도 만날 겸 서울을 떠났다.

④의 문장에서 '-ㄹ 정도'의 표현은 다른 것과 비교했을 때의 잘하고 못함, 좋고 나쁨을 말하는 것으로 '알맞은 한도'나 '일정한 분량'을 나타내는 말이다.

예) 선생님이 화를 내실 정도라면 얼마나 나쁜 일이었는지 알겠습니다.

나머지 문장을 바른 문장으로 고치면 다음과 같다.

① 서울에 <u>간 김에</u> 선생님 댁에 갔었다.

③ 여행도 가고 친구도 <u>만났더니</u> 기분이 좋았다.

④ 나라마다 언어가 <u>다른 만큼</u> 문화도 다르다.

5

① 아이들 사고는 <u>눈 깜짝 할 김에</u> 일어나는 법이죠.

② 그 회사는 월급이 <u>많은 사이에</u> 일이 너무 힘들대요.

③ 학교에 <u>가는 반면에</u> 도서관에서 책 좀 빌려다 줄래?

④ 모두 나라를 위해 <u>애쓰는 마당에</u> 다 함께 노력해야지.

 새 어휘

마당에: 관형사 어미 '-은/-는'의 뒤에 쓰여 어떤 일이 이루어지는 상황을 나타낸다

예) 이렇게 떠나는 마당에 무슨 할 말이 있겠어요?

 ④

 ①의 '김에'는 '-ㄴ/는+김+에'의 형태로 앞의 동작을 하는 기회에 같이 뒤의 동작을 한다는 뜻을 나타낼 때 쓰며 원래의 목적은 앞의 동작에 있다.

예) 시장에 간(가는) 김에 과일 좀 사다줄래?

②의 '사이에'는 어떤 행위를 하는 동안에 뒤의 문장이 이루어짐을 나타낸다.

예) 내가 없는 사이에 전화가 많이 왔었나 봐요.

③의 '반면에'는 뒤에 오는 말이 앞의 내용과 상반됨을 나타내는 말이다.

예) 그는 공부는 못하는 반면에 운동은 아주 잘한다.

나머지 문장을 바른 문장으로 고치면 다음과 같다.

① 아이들 사고는 <u>눈 깜짝 할 사이에</u> 일어나는 법이죠.

② 그 회사는 월급이 <u>많은 대신에</u> 일이 너무 힘들대요.

③ 학교에 <u>가는 김에</u> 도서관에서 책 좀 빌려다 줄래?

1~5 다음 밑줄 친 부분이 맞는 것을 고르십시오.

1
13회 19번

① 급한 전화를 <u>받더라도</u> 손님이 온 줄도 몰랐다.

② 해가 뜨는 것을 <u>보려다가</u> 동해 바다로 갑시다.

③ 연구실에서 <u>실험하느라고</u> 밖에 나갈 시간이 없었다.

④ 저장한 자료가 모두 <u>없어지더라면</u> 다시 만들어야 한다.

 ❸

 ① '-더라도'는 가정이나 양보의 뜻을 나타내는 연결 어미로 '-어도'보다 그 뜻이 더 강하다.
예) 무슨 일이 있더라도 오늘 안으로 일을 꼭 끝내야 한다.
② '-려다가'는 '-려고 하다가'의 줄인 형태로 앞의 동작을 할 생각을 가지고 있었는데 도중에 다른 행동이 더해지면서 처음에 생각했던 행동을 끝내지 못하고 다른 행동을 하는 것을 나타낸다.
예) 해가 뜨는 것을 보려다가 그냥 잤다.
③은 앞 문장의 상황이 뒤 문장 상황의 목적이나 원인이 됨을 나타내는 연결 어미 '-느라고'가 쓰인 형태이다.
④의 '-더라면'은 '-었-' 뒤에 붙어서 과거의 사실을 실제와 다르게 가정해 보는 뜻을 나타내는 연결 어미이다.
예) 조금만 더 노력을 했더라면 성공했을 거예요.

나머지 문장을 바른 문장으로 고치면 다음과 같다.
① 급한 전화를 <u>받느라고</u> 손님이 온 줄도 몰랐다.
② 해가 뜨는 것을 <u>보러</u> 동해 바다로 갑시다.
④ 저장한 자료가 모두 <u>없어졌으니</u> 다시 만들어야 한다.

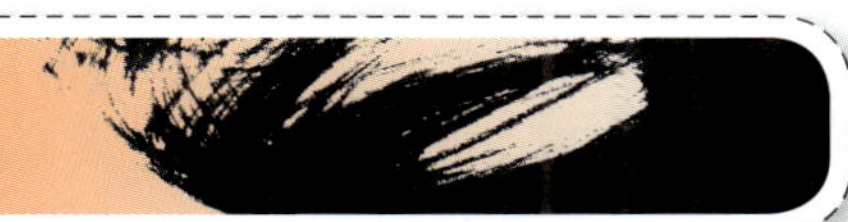

1~5 다음 밑줄 친 부분이 맞는 것을 고르십시오.

1

① 너무 배가 불러서 음식을 먹다가 <u>남았다</u>.

② 아이에게 맞지도 않는 신발을 억지로 <u>신었다</u>.

③ 사과를 더 맛있게 먹으려고 껍질을 <u>안 벗었다</u>.

④ 날씨가 추워진 것 같아서 딸한테 모자를 <u>씌웠다</u>.

 ❹

 피동이나 사동표현을 고르는 문제
'남다'의 피동사는 '남기다', '신다'의 피동사는 '신기다', '벗다'의 피동사는 '벗기다'가 된다.

나머지 문장을 바른 문장으로 고치면 다음과 같다.
① 너무 배가 불러서 음식을 먹다가 <u>남겼다</u>.
② 아이에게 맞지도 않는 신발을 억지로 <u>신겼다</u>.
③ 사과를 더 맛있게 먹으려고 껍질을 안 <u>벗겼다</u>.

2
14회 **22**번

① 이곳은 <u>청소년이라야</u> 들어갈 수 없어요.

② 너무 바빠서 <u>자기는커녕</u> 쉬기도 했어요.

③ <u>선생님마저</u> 저를 믿어 주시지 않는군요.

④ 지나가는 <u>사람더러</u> 길을 가르쳐 주었어요.

 ❸

 ①의 '-이라야'는 '일이 이루어지기 위해서는 오직 그것만이 가능하다'는 뜻이다. 뒤에는 주로 '-(으)ㄹ 수 있다'의 형태가 쓰이므로 뒤에 '없어요'는 맞지 않는다.
예) 이곳은 청소년이라야 들어갈 수 있어요.
②는 '그것은 말할 것도 없고'의 뜻을 나타내는 것으로 뒤에는 주로 부정표현인 '-도 못 하다'의 형태가 쓰인다.
예) 너무 바빠서 자기는커녕 쉬지도 못했어요.
③의 문장은 다른 사람도 모두 믿어주지 않는데 선생님까지 그렇다는 내용이다.
'마저'는 '하나 남은 마지막까지 포함됨'을 뜻하는 말이다.
④ '더러'는 '(어떤 사람)에게, 한테'와 같은 의미를 가지고 있지만 주로 간접표현의 형태를 갖기 때문에 '길을 가르쳐 주다'로 쓰이려면 '에게'나 '한테'를 써야 한다.
예) 지나가는 사람더러 길을 물어보라고요?

나머지 문장을 바른 문장으로 고치면 다음과 같다.
① 이곳은 <u>청소년은</u> 들어갈 수 없어요.
② 너무 바빠서 <u>자기는커녕</u> 쉬지도 못했어요.
④ 지나가는 <u>사람에게</u> 길을 가르쳐 주었어요.

실전문제

2

① 오랜만에 만났으니 어디 가서 <u>밥이나</u> 먹자.
② <u>철수부터</u> 잘 하려면 저는 아직도 멀었어요.
③ <u>끝에서</u> 나와 함께 할 줄 알았는데 섭섭하구나.
④ 음식을 먹을 <u>때까지</u> 살이 찔까봐 걱정이 되어요.

 ❶

①번의 '이나'는 마음에 차지 않는 선택, 또는 최소한 허용되어야 할 선택이라는 뜻을 나타내는 표현으로 때로는 가장 좋은 것을 선택하면서 마치 그것이 마음에 차지 않는 선택인 것처럼 표현하는 데 쓰기도 한다.
②번의 '부터'는 '어떤 일이나 상태 따위에 관련된 범위의 시작임'을 나타내는 표현으로 이 문장에서는 철수와 '나'를 비교하여 철수는 잘 하는데 나는 아직 그것만 못하다는 표현으로 '앞말과 비슷한 정도나 한도임'을 나타내는 '만큼'이 와야 한다.
③은 마지막까지 함께 할 것이라고 생각했는데 그렇지 못해서 섭섭하다는 내용으로 '끝까지'가 되어야 자연스러운 문장이 된다.
④번은 '음식을 먹을 때'와 '살이 찌다'를 연결해야 하는데 먹을 때 '모두' 또는 '매번'의 의미가 있는 '마다'가 와야 한다.

나머지 문장을 바른 문장으로 고치면 다음과 같다.
② <u>철수만큼</u> 잘 하려면 저는 아직도 멀었어요.
③ <u>끝까지</u> 나와 함께 할 줄 알았는데 섭섭하구나.
④ 음식을 먹을 <u>때마다</u> 살이 찔까봐 걱정이 되어요.

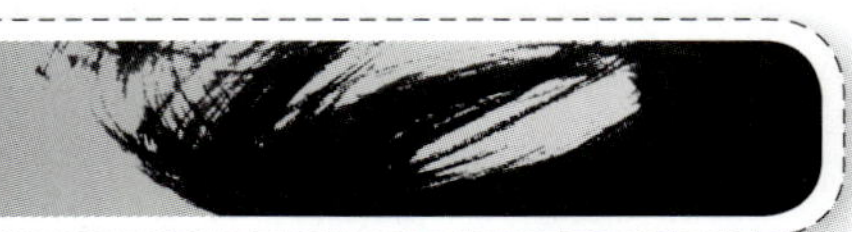

3
10회 21번

① 선수들은 반드시 <u>승리하고 말겠다고</u> 말했습니다.

② 회의 준비를 급히 <u>끝내고 봐서</u> 회의 시작 10분 전이었습니다.

③ 여러분의 도움이 없었으면 우리는 <u>성공해 놓을</u> 수 없었을 겁니다.

④ 끝까지 <u>할까 말까 하다 보니</u> 이렇게 좋은 결과가 나온 것 같습니다.

 ❶

 ②번의 경우는 앞 문장의 행동을 끝내고 뒤 문장의 상황이 온다는 것을 나타내므로 '-나니'를 써야 한다.
예) 준비를 끝내고 나니 회의 시작 10분 전이었습니다.
③번의 '해 놓다'는 앞 문장의 동사가 완료 상태로 계속되는 것을 말하는 '-아/어/여 놓다'의 형태로 명사인 '성공'과는 결합할 수 없다.
예) 여러분의 도움이 없었으면 우리는 성공할 수 없었을 겁니다.
④ '할까 말까'의 표현은 두 가지 결정을 두고 망설이는 상황을 나타내는 것으로, 뒤의 좋은 결과가 나왔다는 내용과는 맞지 않는다.
예) 끝까지 할까 말까 하다 보니 결국 아무 것도 하지 못했습니다.

나머지 문장을 바른 문장으로 고치면 다음과 같다.
② 회의 준비를 급히 <u>끝내고 나니</u> 회의 시작 10분 전이었습니다.
③ 여러분의 도움이 없었으면 우리는 <u>성공할 수</u> 없었을 겁니다.
④ 끝까지 <u>(열심히) 노력하다보니</u> 이렇게 좋은 결과가 나온 것 같습니다.

3

① 모금을 위하여 <u>뜻밖에</u> 돌아다녔더니 피곤해요.

② 너무 걱정하지 마세요. <u>절대로</u> 그런 일은 없을 거예요.

③ 그 친구가 연예인이 될 거라고는 <u>가만히</u> 예상 못했거든요.

④ 디자이너 매장에 가면 몸에 <u>어차피</u> 맞는 옷을 만들어줘서 좋아요.

  ❷

 ①번의 '뜻밖에'는 '생각이나 기대 또는 예상과 달리'의 뜻을 나타낸다.
③ '가만히'는 '아무 행동이나 말이 없이'라는 뜻이다.
④ '어차피'는 '이렇게 하든지 저렇게 하든지'라는 의미가 있으므로 이 문장은 맞지 않는다.
디자이너 매장에 가면 몸에 아주 잘 맞는 옷을 만들어줘서 좋다는 뜻으로 '어차피' 더신에 '조금도 어김없이'라는 의미가 있는 '꼭'이 들어가야 한다.

나머지 문장을 바른 문장으로 고치면 다음과 같다.
① 모금을 위하여 <u>하루 종일</u> 돌아다녔더니 피곤해요.
③ 그 친구가 연예인이 될 거라고는 <u>전혀</u> 예상 못했거든요.
④ 디자이너 매장에 가면 몸에 꼭 맞는 옷을 만들어줘서 좋아요.

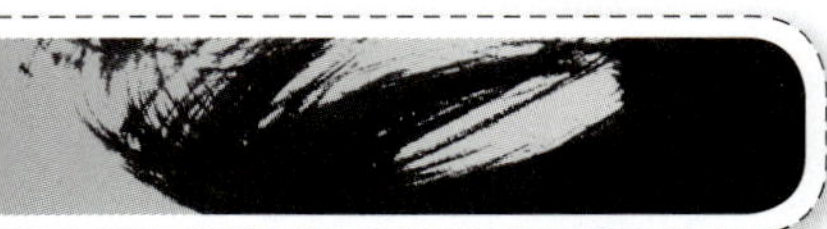

4
12회 21번

① 그 사람은 <u>도저히</u> 이해할 수 있다.

② 부모님께서는 <u>좀처럼</u> 고향에 가신다.

③ 감기에 걸리면 약은 <u>별로</u> 효과가 있다.

④ 요즘은 해외여행이 국내 여행보다 <u>오히려</u> 싸다.

 ❹

 알맞은 부사를 찾는 문제
①의 '도저히'는 (부정하는 말과 함께 쓰여) '아무리 하여도'라는 뜻이다.
예) 그 사람은 도저히 이해할 수가 없다.
② '좀처럼'은 (주로 부정적인 의미를 가진 단어와 같이 써서) 그 상태가 보통으로 보아줄 수 있음을 나타내는 '여간해서는'과 같은 뜻으로 사용한다.
예) 그는 <u>좀처럼</u> 화를 내지 않는다. (그는 <u>여간해서는</u> 화를 내지 않는다.)
③의 '별로'는 (부정을 뜻하는 말과 함께 쓰여) '이렇다 하게 따로, 또는 그다지 다르게'의 뜻으로 사용한다.
예) 약을 먹어도 별로 효과가 없어요.
④ '오히려'는 '일반적인 기준이나 예상, 짐작, 기대와는 전혀 반대가 되거나 다르게'라는 뜻이다.
예) 내가 먼저 도와주고 싶었는데 오히려 도움을 받았구나.

나머지 문장을 밑줄 친 부사에 맞게 바른 문장으로 고치면 다음과 같다.
① 그 사람은 <u>도저히</u> 이해할 수 없다.
② 부모님께서는 <u>좀처럼</u> 고향에 가시지 않는다.
③ 감기에 걸리면 약은 <u>별로</u> 효과가 없다.

4

① 선생님께서 <u>안 계시기에</u> 그냥 돌아왔어요.

② 제 아들은 떡을 아주 잘 <u>드시는</u> 편이에요.

③ 졸업식 때 동생에게 <u>드리려고</u> 꽃을 샀어요.

④ 친구가 막 <u>주무시려는</u> 참이라 말을 못했어요.

 ❶

올바른 경어법 표현을 고르는 문제
높임표현은 윗사람에게 쓰는 것이므로 아들, 동생, 친구에게 쓰지 않는다.

나머지 문장을 바른 문장으로 고치면 다음과 같다.
② 제 아들은 떡을 아주 잘 <u>먹는</u> 편이에요.
③ 졸업식 때 동생에게 <u>주려고</u> 꽃을 샀어요.
④ 친구가 막 <u>자려는</u> 참이라 말을 못했어요.

5
14회 **23**번

① 아이가 엄마 등에 <u>업어서</u> 자고 있어요.

② 죄송하지만 이 옷 좀 <u>걸려</u> 주시겠어요?

③ 결혼식이 언제인지 저에게 꼭 <u>알아</u> 주세요.

④ 중요한 물건은 관리실에 <u>맡기고</u> 들어가세요.

  ❹

 피동사나 사동사가 맞게 쓰였는지 알아보는 문제
① '업다'의 피동사는 '업히다'이다.
②의 문장은 능동사인 '걸다'를 써야 한다.
③ '알다'의 사동사는 '알리다'이다.

나머지 문장을 바른 문장으로 고치면 다음과 같다.
① 아이가 엄마 등에 <u>업혀서</u> 자고 있어요.
② 죄송하지만 이 옷 좀 <u>걸어</u> 주시겠어요?
③ 결혼식이 언제인지 저에게 꼭 <u>알려 주세요</u>.

5

① 학교에 <u>가는 탓에</u> 은행에도 들러야 해요.

② 신을 <u>신은 체로</u> 방에 들어가면 안 됩니다.

③ 절 보고서도 <u>모르는 채를</u> 하며 가버렸습니다.

④ 그때는 너무 기뻐서 <u>어찌할 바를</u> 몰랐습니다.

  ❹

①의 '탓에'는 주로 부정적인 현상이 생겨난 까닭이나 원인을 나타내므로 이 문장에는 맞지 않는다. 앞의 동작을 하는 기회에 같이 뒤의 동작도 한다는 뜻을 나타낸다.
②번의 '체'는 그럴듯하게 꾸미는 거짓 태도나 모양으로 '척'과도 비슷한 의미를 가진다. 이 경우 ③번의 '채'를 써야 한다.
③번의 '채'는 이미 있는 상태 그대로 있다는 뜻을 나타내는 말이므로 이 경우에는 ②번의 '체'가 맞다.

나머지 문장을 바른 문장으로 고치면 다음과 같다.
① 학교에 <u>가는 길에</u> 은행에도 들러야 해요.
② 신을 <u>신은 채로</u> 방에 들어가면 안 됩니다.
③ 절 보고서도 <u>모르는 체를</u> 하며 가버렸습니다.

같은 의미 표현 고르기

풀이전략

❶ 대화문을 잘 읽고 전체의 내용을 정확히 파악한다.

❷ 밑줄 친 부분과 바꾸어 써도 의미에 차이가 없는 표현을 선택한다.

❸ 전체 대화문에서 자연스럽게 연결이 되는지 다시 한 번 확인한다.

Test of
PROFICIENCY
in KOREAN

1-3 다음 밑줄 친 부분과 바꾸어 쓸 수 있는 것을 고르십시오.

1
14회 24번

> 가 : 이 많은 자료를 어떻게 다 찾았어요?
> 나 : <u>인터넷으로</u> 알아봤어요.

① 인터넷을 통해서
② 인터넷에 대해서
③ 인터넷에 따라서
④ 인터넷으로 인해서

 **①**

 의미가 비슷한 표현을 찾는 문제
①의 문장의 '인터넷으로'에서 '으로'는 수단이나 방법을 뜻하는 것으로 쓰였으며 인터넷이라는 방법으로 자료를 찾았다는 내용이다. 이것과 비슷한 표현은 '-을 통해서'를 쓸 수 있다.
②의 '-에 대해서'는 '대상이나 상대로 본다'는 표현으로 '대한', '대하여'의 형태로도 쓴다.
예) 한국에 대해서 어떻게 생각하십니까?
③의 '에 따라서'는 '어떠한 사실이나 기준에 의해서'란 의미를 나타내며 앞에서 말한 일이 뒤에서 말할 일의 원인이나 이유가 되는 것을 말한다.
예) 날씨에 따라서 기분이 달라지기도 한다.
④의 '-으로 인해서'는 원인을 이루는 근본적인 이유나 동기를 뜻하는 것으로 '어떤 이유 때문에'를 나타내며 '-(으)로 인하여'의 형태로도 쓰인다.
예) 그의 결근으로 인해서 업무가 잘 이루어지지 못하고 있다.

실전문제 (1회)

1-3 다음 밑줄 친 부분과 바꾸어 쓸 수 있는 것을 고르십시오.

1

> 가 : 이번 시험에 합격할 수 있을지 걱정이에요.
> 나 : 열심히 <u>노력한 만큼</u> 좋은 결과가 나올 거예요.

① 노력했으나
② 노력할 텐데
③ 노력한 대로
④ 노력하겠지만

 **❸**

 '나'의 문장에서 '만큼'은 앞의 내용에 상당하는 수량이나 정도임을 나타내는 표현으로 이것과 바꾸어 쓸 수 있는 말은 ③번의 '대로'이다.
①의 '-(으)나'는 앞의 문장에 대하여 뒤의 문장이 반대가 되거나 앞과 같지 않다는 뜻을 나타낸다.
예) 약을 먹었으나 아직도 몸이 안 좋아요.
②의 '-(으)ㄹ 텐데'는 자신의 의지나 어떤 사실을 추측해서 말하는 것으로 앞의 내용이 뒤에 나오는 내용의 배경이 됨을 나타낸다.
예) 유학을 가야 할 텐데 돈이 없어요.
④ '-겠지만'은 미래나 의지를 나타내는 '-겠-'과 앞 문장은 인정을 해도 뒤는 반대되거나 관계가 없는 말을 할 때 쓰는 '-지만'을 함께 사용한 경우이다.
예) 일은 힘들겠지만 재미있을 것 같아요.

2
13회 **26**번

> 가 : 설악산에 가 보셨어요?
> 나 : 아니요, <u>설악산은커녕</u> 동네 뒷산도 못 가 봤어요.

① 설악산은 말고
② 설악산이라고 해도
③ 설악산은 제외하고
④ 설악산은 말할 것도 없고

 ④

 '나'의 문장은 동네 뒷산에도 못 가봤는데 설악산에 가봤겠느냐는 말로 너무 당연한 일이라 더 말할 것이 없다는 뜻인 '말할 것도 없고'로 바꿔 쓸 수 있다.
  ▶명사+커녕
   어떤 사실을 부정하는 것은 물론 그보다 덜하거나 못한 것까지 부정하는 뜻을 나타내는 보조사로 명사나 체언류, 또는 부사어 뒤에 붙어 쓴다.
   예) 저축은커녕 먹고사는 것도 힘들어요.
  ▶는-커녕 (받침이 없을 때) 예) 택시는커녕 버스 탈 돈도 없어요.
  ▶은-커녕 (받침이 있을 때) 예) 결혼은커녕 애인도 없어요.
  ※ '는 말할 것도 없고'로 바꾸어 쓸 수 있다. 단, '는 말할 것도 없고'는 부정, 긍정적인 상황에서 모두 쓸 수 있고 '-커녕'은 부정적인 상황에서만 쓸 수 있다.
   예) 1. 춤은 말할 것도 없고 노래도 잘해요.(○)
       2. 춤은 말할 것도 없고 노래도 못해요.(○)
   예) 1. 춤은커녕 노래도 잘해요.(×)
       2. 춤은커녕 노래도 못해요.(○)

실전문제

2

> 가 : 제임스 씨, 이젠 정말 한국 사람처럼 발음이 자연스럽네요.
> 나 : 아니에요. <u>한국 사람에 비하면</u> 아직도 멀었어요.

① 한국 사람에 따르면
② 한국 사람을 통하면
③ 한국 사람에 의하면
④ 한국 사람과 비교하면

 ④

 '나' 문장의 '–에 비하면'은 '비교'의 뜻을 나타낸다. 따라서 ④번이 비슷한 표현이 된다.
①번의 '에 따르면'은 '어떤 경우, 사실이나 기준 따위에 의하여'란 의미이다.
예) 신문기사에 따르면 올 겨울은 더 추울 거라고 합니다.
②의 '–을 통하면'은 '어떤 사람이나 물체를 매개로 하거나 중개하게 하다'는 표현이다.
예) 친구를 통하면 그 사람을 만날 수 있을 거예요.
③의 '–에 의하면'은 ①번의 의미와 유사하게 쓸 수 있다.
예) 소문에 의하면 그 사람이 곧 결혼한다고 합니다.

3
15회 26번

> 가 : 김상욱 씨가 보고서를 이렇게 엉망으로 작성했어요.
> 나 : 그래요? 실력이 있어서 잘 <u>할 줄 알았는데요</u>.

① 할 지경이에요
② 할락 말락 해요
③ 하려던 참이에요
④ 하려니 생각했어요

  ❹

 '나'의 문장은 잘 할 것이라고 생각했는데 예상과는 달리 잘 하지 못했다는 것을 나타내는 내용이다. 따라서 주어의 기대나 예측을 나타내는 'ㄹ 줄 알다/모르다'를 썼다. 이것과 바꿔 쓸 수 있는 것은 ④번 '-려니 생각하다'이다. '-려니'는 마음속으로 추측하는 뜻을 나타내는 종결어로, '-겠거니'에 가까운 뜻을 나타내며, 주로 동사 '하다', '생각하다', '싶다' 등과 같이 쓴다.
①번의 '할 지경이다'의 '지경'은 어떤 상황에 대한 말하는 사람의 감정이나 느낌의 정도를 나타낼 때 쓰인다.
예) 너무 피곤해서 쓰러질 지경이에요.
②의 '할락 말락'은 동작이 이루어질 것 같지만 이루어지지 않는 것을 말한다.
예) 아침부터 비가 올락 말락 하고 있어요.
③의 '참'은 '어떤 행동을 하는 그 순간에'라는 뜻이다.
예) 지금 막 나가려던 참이다.

실전문제

3

> 가 : 그 친구는 아직 연락이 없어요?
> 나 : 네, 요즘 많이 <u>바쁜 모양이에요</u>.

① 바쁜 참이에요
② 바쁜 것 같아요
③ 바쁠 예정이에요
④ 바쁘기 마련이에요

  ❷

 '나'의 '모양이다'는 짐작이나 추측을 나타내는 말이므로 '-(으)ㄴ 것 같다'라는 표현이 가장 적절하다.
①번의 '참'은 '어떤 행동을 하는 그 순간에'라는 뜻이다.
예) 막 밥을 먹으려던 참이에요.
③번의 '예정'은 '아직 일어나지는 않았지만 앞으로 그럴 계획이 있다'라는 뜻이다.
예) 다음 학기에 휴학을 할 예정입니다.
④번의 '마련이다'는 당연히 그럴 것임을 나타내는 말이다.
예) 겨울이 가면 봄이 오기 마련이다.

1-3 다음 밑줄 친 부분과 바꾸어 쓸 수 있는 것을 고르십시오.

1
14회 25번

> 가 : 날씨도 좋은데 산책하러 안 갈래?
> 나 : 미안해. 중요한 손님이 <u>올지도 몰라서</u> 못 나가겠어.

① 올까 봐
② 오는 통에
③ 오는 중이라서
④ 올 리가 없어서

  ①

 '-(으)ㄹ 지도 모르다'는 '어떤 일이 일어날 수 있기 때문에 다른 일을 하지 못하겠다'는 뜻으로 이 문장에서는 '손님이 올 수도 있기 때문에 밖에 나가지 못 하겠다'는 내용이다. 이것과 비슷한 뜻으로 바꿔 쓸 수 있는 것은 ①번의 '-(으)ㄹ까 봐'가 된다.
예) 아이는 과자를 빼앗길까 봐 두 손으로 꼭 쥐고 있어요.
②번의 '-는 통에'는 어떤 일이 벌어진 상황이나 환경을 말한다.
예) 아이들이 떠드는 통에 공부를 못 하겠다.
④번의 '-ㄹ 리가 있다/없다'는 그렇게 될 수가 없다, 그럴 이유가 없다는 뜻으로 쓴다.
예) 그 사람이 그런 일을 할 리가 없어요.

실전문제 **2회**

1-3 다음 밑줄 친 부분과 바꾸어 쓸 수 있는 것을 고르십시오.

1

> 가 : 시청이 어디에 있어요?
> 나 : 여기서 계속 <u>직진하면</u> 오른쪽에 있어요.

① 멀리서 가면
② 돌아서 가면
③ 똑바로 가면
④ 걸어서 가면

새 어휘

직진하다: 곧게 가다
　　　예) 사거리에서 직진해서 가 주세요.

똑바로: 어느 한 쪽으로 기울지 않고 곧게
　　　예) 그녀의 얼굴을 똑바로 쳐다볼 수가 없다.

  ❸

 '직진하다'는 곧게 나아간다는 말이므로 여기서는 ③번의 '똑바로 가다'와 바꾸어 쓸 수 있다.
여기에 사용된 '-면'은 가정이나 조건을 나타내는 표현이다.

2
11회 25번

> 가 : 그 사무실에 새로 들어온 직원 어때요?
> 나 : 일도 잘 <u>하는 데다가</u> 예의도 바르더라고요.

① 하고는
② 하거든
③ 하는 체하고
④ 할 뿐만 아니라

  ④

'-데다가'는 앞 문장의 동작이나 상태에 뒤 문장의 동작이나 상태가 더해져서 일어나는 것을 말하며 앞과 뒤의 문장에서 주어는 반드시 같아야 한다. 이것과 바꿔서 써도 되는 말은 앞의 문장에 뒤의 문장을 더한다는 뜻을 가진 ④의 '-뿐(만) 아니라'이다.
①의 '-고는'은 결합한 동사의 동작을 한 다음에 뒤의 동작을 한다는 것을 나타낸다.
예) 다시는 안 만나기로 하고는 또 만났어요.
②의 '-거든'은 조건이나 가정의 뜻으로 사용하는 표현이다.
예) 문제가 생기거든 바로 연락해라.
③의 '-는 체하고'는 실제로는 그렇지 않은데 그런 것처럼 하는 거짓 태도나 모양을 나타내는 것으로 비슷한 표현으로는 '척'이 있다.
예) 그는 알고도 모르는 체하고 있다./그는 알고도 모르는 척하고 있다.

실전문제

2

> 가 : 날씨가 조금 이상한 것 같아요.
> 나 : 곧 비가 <u>쏟아질듯 한데</u> 우산 있으세요?

① 쏟아질 것 같은데
② 쏟아질 뻔 했는데
③ 쏟아질 리가 없는데
④ 쏟아지면 안 되는데

 ❶

 '-듯 하다'는 확실하지는 않지만 앞말이 뜻하는 사건이나 상태 따위를 짐작하거나 추측함을 나타내는 말이기 때문에 이것과 바꾸어 쓸 수 있는 말은 ①번이 된다.
②번의 '-ㄹ 뻔하다'는 과거에 어떤 상황이 일어나려고 했으나 실제로는 그렇게 되지 않았음을 나타내는 것으로 주로 과거 시제 '-았/었'과 함께 쓴다.
예) 물에 빠질 뻔했지 뭐예요.
③번의 '-ㄹ 리가 없다'는 '있다', '없다' 따위와 함께 쓰여서 '까닭', '이치'의 뜻을 나타내는 말로 '그런 일이 있을 수가 없다'라는 의미를 나타내며 '그럴 리가 없다'라는 표현으로 많이 쓴다.
예) 그 사람이 결혼을 하다니 그럴 리가 없어요.

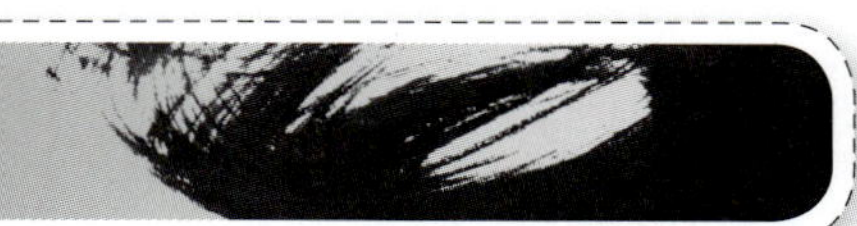

3
13회 25번

가 : 언제까지 서류를 보내 드리면 됩니까?
나 : 급한 거니까 가능한 한 빨리 <u>도착할 수 있게</u> 보내 주세요.

① 도착할 텐데
② 도착할 뻔하게
③ 도착한다고 해도
④ 도착할 수 있도록

 **❹**

 이 문제는 '급한 서류니까 빨리 도착하게 해야 한다'는 내용으로 '나' 문장에서 '도착할 수 있게'의 '-(으)ㄹ 수 있다'는 동작에 대한 능력이나 가능성이 있음을 나타낸다. '있다' 뒤에는 여러 활용어미가 붙어 다양하게 쓰인다. 이것과 바꿔 써도 좋은 것은 '앞의 동사의 행동이 어떤 지점에 이를 수 있게 하다'는 뜻을 가진 '-도록'이 가능하므로 여기에서는 '도착할 수 있도록'을 써야한다.
①번의 '-(으)ㄹ 텐데'는 말하는 사람의 의지나 어떤 사실을 추측해서 말하는 것이다.
예) 유학을 가야 할 텐데 학비가 너무 많이 들어서 걱정이에요.
②번의 '-(으)ㄹ 뻔하다'는 과거에 어떤 상황이 일어나려고 했으나 실제로는 그렇게 되지 않았음을 나타내는 것으로 주로 과거 시제 '-았/었'과 함께 쓴다.
예) 어제 교통사고가 나서 큰일 날 뻔했어요.
③의 '-다고 하다'는 인용문을 사용하는 표현으로 다른 사람이나 자신이 말한 내용을 다시 인용하거나 말한 사람의 느낌 또는 감정, 판단 등을 말하기도 한다. 여기에 '-도'가 붙어 앞의 내용은 그렇더라도 뒤에는 그 반대이거나 부정적인 내용이 온다.
예) 아무리 빨리 도착한다고 해도 시험을 보기는 힘들겠어요.

3

> 가 : 옥이한테서 그 소식 들었어요?
> 나 : 네. 옥이가 <u>알려줬기에</u> 망정이지 큰일 날 뻔했어요.

① 알려줬으니
② 알려주면서
③ 알려주라니
④ 알려줬는데

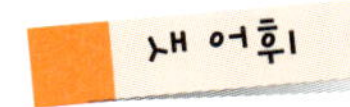

새 어휘

망정: 주로 '–기에', '–니(까)'의 뒤에서 '망정이지'의 모양으로 쓰임. '다행히 그러함'의 뜻
　　예) 사람이 있었으니 망정이지 큰일 날 뻔했다.

 ❶

 '망정이지'는 괜찮거나 잘된 일이라는 뜻으로 주로 앞에 '–기에'나 '–니'와 같이 쓰인다. 따라서 ①번이 정답이다.

문맥에 알맞은 어휘/ 문법 고르기 Ⅰ

풀이전략

❶ 전체 대화문을 잘 읽고 내용을 파악한다.

❷ 빈칸에 들어갈 알맞은 어휘나 표현을 선택한다.

❸ 다시 한 번 대화문을 읽으면서 자연스러운지 확인한다.

Test of PROFICIENCY in KOREAN

1~2 다음 글을 읽고 물음에 답하십시오.

> 가 : 우리 아이에게 휴대폰을 사 줄 생각이 전혀 없었는데 아이가 하도 사달라
> 고 해서 (㉠) 하나 사 줬어요.
> 나 : 초등학생인데 휴대폰이 필요해요?
> 가 : 요즘은 초등학생들도 휴대폰을 많이 가지고 다녀요. 사진도 찍고 음악도
> 들을 수 (㉡) 게임도 할 수 있어서 아주 좋아해요.

1
13회 27번

㉠에 알맞은 것을 고르십시오.

① 할 수 없이 　　　　　　② 틀림없이

③ 상관없이 　　　　　　④ 쓸데없이

처음에는 아이에게 휴대폰을 사 줄 생각이 없었으나 자꾸 아이가 사 달라고 해서 어쩔 수 없이
사줬다는 내용이므로 ㉠에는 '할 수 없이'가 들어가야 한다.
②의 '틀림없이'는 '조금도 틀리지 않다'는 말이므로 이 문장에는 맞지 않는다.
예) 우리가 약속했던 내일까지는 틀림없이 이 일을 끝내야 한다.
③의 '상관없이'는 '관계가 없다'는 말을 뜻하는 부사어이다.
예) 요즘은 계절과 상관없이 미니스커트를 입는 여자들이 많다.
④ '쓸데없이'는 '아무 것에도 쓸 데가 없다'는 말이다.
예) 이렇게 쓸데없이 모여서 수다만 떨지 말고 가서 일이나 하자.

2
13회 28번

㉡에 알맞은 것을 고르십시오.

① 있고 말고 　　　　　　② 있는 데다가

③ 있을 만해서 　　　　　　④ 있을 것 같기에

휴대폰의 여러 가지 기능을 나열하고 있다. 따라서 앞 문장의 동작이나 상태에 뒤 문장의 동작이
나 상태가 더해져서 일어나는 것을 나타내는 '-데다가'를 써야 한다. 이 경우에 앞과 뒤의 문장에
서 주어는 반드시 같아야 한다.
①번의 '-고 말고'는 상대방의 말에 대하여 긍정의 뜻을 강조하거나 말하는 사람의 강한 의지를
나타내는 표현으로 보통은 끝에 '요'를 붙이기도 한다. 예) 물론 기쁜 일이고말고(요).
③ '-을 만해서'의 '-을 만하다'는 앞말이 뜻하는 동작이나 행동에 정당한 이유가 있음을 나타내
는 말이다. 예) 너의 말을 들어 보니 과연 그럴 만했구나.
④ '있을 것 같기에'의 '-을 것 같다'는 확실하게는 모르지만 예상할 수 있다는 자신의 생각을 나
타내는 말이다. 예) 이번에는 합격할 것 같아요.

1~2 다음 글을 읽고 물음에 답하십시오.

> 가: 다음 주부터 ㉠휴가라면서요? 무슨 좋은 계획 있으세요?
> 나: 자전거 여행을 해 볼 생각이에요.
> 가: 이번 주말부터 장마가 (㉡) 괜찮겠어요?
> 나: 안 그래도 지금 어떻게 할까 걱정이에요.

1 ㉠과 바꿔 써도 의미가 같은 것을 고르십시오.

① 휴가라고요?　　　　　② 휴가였어요?
③ 휴가가 언제예요?　　　④ 휴가일 거예요?

  ❶

 '가'의 문장에서 '다음 주'라는 미래시제 표현이 있으므로 ㉠과 바꿔 써도 의미가 달라지지 않는 문장이 되려면 ①번이 되어야 한다.
②번의 '휴가였어요?'는 과거의 표현이기 때문에 맞지 않으며
③은 '다음 주'라는 사실을 앞에서 말하고 있으므로 '언제예요?'는 쓸 수 없다.
④번의 '휴가일 거예요?'는 올바른 문장이 아니다.

2 ㉡에 알맞은 것을 고르십시오.

① 시작하나마나　　　　② 시작이라는데
③ 시작할 뿐인데　　　　④ 시작하고 나서

  ❷

 '장마가 시작이다'와 뒤의 '괜찮겠느냐'는 염려와 걱정을 나타내는 문장이 되어야 하므로 ㉡에 들어갈 표현으로는 ②가 가장 적절하다.
①의 '-나마나'는 부정의 뜻이 있는 '말다'와 같이 쓰여 앞에 있는 동사의 행동이나 상태가 쓸모없거나 헛된 일임을 나타내는 표현이다.
예) 보나마나 영수는 어디서 자고 있을 거예요.
③의 '-ㄹ 뿐'은 앞에 오는 명사나 앞 문장에서 말하는 것만 있음을 나타낸다.
예) 이제 겨우 시작했을 뿐인데 벌써 힘들면 어떡해요?
④의 '-고 나서'는 동작이 이미 끝났음을 나타내는 말이므로 아직 장마가 시작되지 않은 이 경우에는 쓸 수 없다.
예) 먼저 밥을 먹고 나서 영화를 봅시다.

1~2 다음 글을 읽고 물음에 답하십시오.

> 가 : 우리 집 아이들은 가게에서 파는 과자만 먹으려고 해서 걱정이야.
> 그렇다고 (㉠) 못 먹게 할 수도 없고……
> 나 : 요즘은 엄마들이 건강을 생각해서 집에서 직접 과자를 만들기도 한대.
> 가 : 그래? 그럼 나도 돈도 절약하고 아이들 건강도 (㉡) 과자 만들기에 도전해 볼까?

1
14회 27번

㉠에 알맞은 것을 고르십시오.

① 여전히　② 심지어　③ 무조건　④ 어차피

❸

이 문제는 ( )안에 어울리는 부사를 고르는 문제이다.
①의 '여전히'는 '전과 같다'라는 의미의 부사어이다.
예) 5년 만에 다시 가 본 제주도는 여전히 아름다웠다.
②의 '심지어'는 '더욱 심하다 못해 나중에는'이라는 의미로 앞 문장의 상황에 그 상태가 더함을 나타낸다.
예) 아이는 아빠의 얼굴을 꼭 닮은 데다가 심지어 걷는 모습까지 비슷했다.
③의 '무조건'은 아무 조건도 없다는 말을 뜻하는 부사어이므로 이 경우에 알맞다.
④의 '어차피'는 이렇게 되든지 저렇게 되든지 상관이 없다는 말이다.
예) 어차피 떠날 거라면 아무 말도 하지 말고 가세요.

2
14회 28번

㉡에 알맞은 것을 고르십시오.

① 챙길 뿐　② 챙길 겸　③ 챙기는 한　④ 챙기는 대신

❷

이 문장은 한 번에 이것도 하고 저것도 함께 한다는 뜻을 나타내는 말을 써야 하므로 앞의 동작과 뒤의 동작이 함께 이루어지는 것을 나타내는 '겸'을 써야 한다.
①의 '-ㄹ 뿐'은 다른 것은 하지 않고 오직 그렇게만 한다는 뜻이다.
예) 그는 아무 말도 없이 밥만 먹을 뿐이었다.
③ '-는 한'은 '앞의 말이 뜻하는 조건이나 그 범위 안에서'라는 뜻을 가지고 있다.
예) 죽는 한이 있어도 이번 일은 꼭 하고 싶어요.
④ '-는 대신'은 '앞말이 나타내는 행동이나 상태와 다르거나 또는 반대임'을 뜻한다.
예) 내가 식사준비를 하는 대신 너는 청소를 하면 되겠다.

1~2 다음 글을 읽고 물음에 답하십시오.

> 가: 지난달에 결혼한 친구가 집들이를 하는데 어떤 선물이 좋을까요?
> 나: 신혼집이니까 생활용품이 좋지 않을까요?
> 가: 생활용품은 선물로 많이 (㉠) 저는 좀 더 특별한 선물을 하고 싶어요.
> 나: 그럼 기억에 오래 (㉡) 것으로 하면 좋겠네요.

1 ㉠에 알맞은 것을 고르십시오.

① 들어올 테면　　　② 들어올 수밖에
③ 들어올 테니까　　④ 들어올 지라도

  ❸

 ㉠에는 이유나 원인을 나타내는 표현이 와야 하므로 보기 중에서는 '–테니까'가 가장 적절하다.
①은 가정이나 조건을 나타내는 표현이고
②의 뒤에는 '없다', '않다'는 부정의 표현이 와야 하므로 맞지 않다.
④의 '–(으)ㄹ 지라도'는 어떤 동작이나 상태를 인정한다고 해도 그것과 관계없이 어떤 일을 해야 한다는 의미가 문장의 뒤에 나타나야 한다.
예) 친구일지라도 그 일은 해줄 수 없어요.

2 ㉡에 알맞은 것을 고르십시오.

① 남을 뿐인　　② 남을 뻔한　　③ 남을 참인　　④ 남을 만한

새 어휘

생활용품: 생활하는 데 필요한 물건
　　　예) 이 가게는 컵, 주전자, 냄비 등 생활용품을 아주 싸게 팝니다.

  ❹

㉡에 들어갈 표현으로는 동사에 붙어서 '동작이나 상태가 그 정도에 가깝다거나 또는 그럴만한 가치가 있음'을 나타내는 '–을 만하다'가 적절하다.
②번의 '–ㄹ 뻔하다'는 '조금만 잘못했으면 앞에서 말하는 상태나 상황이 되었을 것인데 다행히 그렇게 되지 않았음'을 나타낸다.
③의 '–ㄹ 참이다'는 무엇을 하고자 한다는 의도나 예정을 나타내는 말이며 동작동사에 붙는다. 따라서 '남다'에는 쓰지 않는다.

MEMO

문맥에 알맞은 어휘/문법 고르기 Ⅱ

주어진 지문을 읽고 ( ) 안에 들어갈 알맞은 표현을 고르는 문제

풀이전략

❶ 전체 지문을 잘 읽으면서 내용을 파악한다.

❷ 빈칸에 알맞은 어휘나 표현을 선택하고 앞뒤 문장과 자연스럽게 연결이 되는지 확인한다.

❸ 빈칸에 알맞은 속담표현을 선택하고 앞뒤 문장과 잘 어울리는지 확인한다.

1~2 다음 글을 읽고 물음에 답하십시오.

> 우리의 얼굴을 보면 눈과 귀는 두 개씩 (㉠) 입은 하나뿐이다. 이것은 보고 듣는 것은 아끼지 않더라도 말은 조심해서 하라는 뜻이다. (㉡)는 말이 있듯이 우리가 별생각 없이 뱉은 말이 하룻밤 사이에 아주 먼 곳에 사는 사람에게까지 전달될 수도 있는 것이다.

1
14회 29번

㉠에 알맞은 것을 고르십시오.

① 있으나 마나 ② 있으면 해서
③ 있는 데다가 ④ 있는 반면에

 ④

 ㉠의 문장은 '사람의 얼굴에 눈과 귀는 두 개씩 있는데 입은 하나밖에 없다'는 내용이다. 따라서 ( )안에 들어갈 말은 '-와 다르게', '-과 반대로'의 뜻을 가지고 있는 '있는 반면에'가 들어가야 맞는 문장이 된다.
①번의 '있으나 마나'는 부정의 뜻이 있는 '말다'와 같이 쓰여 앞에 있는 동사의 행동이나 상태가 쓸모없거나 헛된 일인 것을 나타낸다.
예) 그런 사람은 있으나 마나예요.
②번의 '있으면 해서'는 '있었으면 좋겠다'는 바람이나 희망을 나타내는 표현이다.
예) 작은 방이라도 내 방이 있었으면 해서 돈을 열심히 모았다.
③ '있는 데다가'의 '데다가'는 앞 문장의 동작이나 상태에 뒤 문장의 동작이나 상태가 더해져서 일어나는 것을 나타내며 앞과 뒤의 문장에서 주어는 반드시 같아야 한다.
예) 저 집은 마당도 넓은 데다가 나무도 참 많네요.

2
14회 30번

㉡에 알맞은 것을 고르십시오.

① 발 없는 말이 천 리 간다 ② 호랑이도 제 말 하면 온다
③ 말 한 마디로 천 냥 빚 갚는다 ④ 가는 말이 고와야 오는 말이 곱다

 ①

 사람의 얼굴에 눈과 귀는 두 개씩 있지만 입이 하나밖에 없는 이유로, 항상 말을 조심해서 해야 한다는 뜻의 속담인 '발 없는 말이 천 리 간다'라는 말이 들어가야 한다.
① 말은 비록 발이 없지만 먼 곳까지도 알려질 수 있다는 것으로 말을 조심해야 한다는 뜻이다.
② 다른 사람의 이야기를 하고 있는데 마침 그 사람이 온다는 뜻이다.
③ 말만 잘하면 커다란 어려움도 해결할 수 있다는 뜻이다.
④ 내가 남에게 좋게 해야 남도 내게 잘 한다는 뜻이다.

실전문제 (1회)

1~2 다음 글을 읽고 물음에 답하십시오.

> 학창시절에는 열심히 학업에만 열중하다가 졸업을 하면 학교의 울타리에서 벗어나 치열한 경쟁사회로 나가게 된다. 갑자기 달라진 환경에서 여러 가지 상황에 직면하게 되면 (㉠). 이와 같은 사회 초년생들이 첫 직장생활을 성공적으로 하기 위해서는 (㉡)라는 마음으로 차근차근 대비하고 준비해야 할 것이다.

1 ㉠에 알맞은 것을 고르십시오.

① 당황할 뻔하다   ② 당황하는 척한다

③ 당황하기 마련이다   ④ 당황하기 위해서다

새 어휘

울타리: 담 대신 경계를 만들기 위해 막는 물건 예) 저 집은 울타리가 낮네요.

치열하다: 기세나 세력 등이 불같이 강하고 맹렬한 예) 치열한 생존 경쟁

초년생: 어떤 일을 시작한 지 얼마 되지 않은 사람 예) 사회 초년생이라 아무 것도 몰라요.

차근차근: 말이나 행동 등을 아주 천천히 그리고 순서에 맞게 하는 모양
예) 어머니는 내게 김치 담그는 법을 차근차근 가르쳐 주셨다.

 **정답** ❸

 **풀이** '달라진 환경에서 여러 가지 상황을 만나면 당연히 당황하게 된다'라는 내용이어야 하므로 ㉠에는 당연히 그럴 것임을 나타내는 표현 '마련이다'를 써야 한다. ②번의 '척'은 실제로는 그렇지 않은데 그런 것처럼 행동하는 것이고 ④번은 문맥상 맞지 않는다.

2 ㉡에 알맞은 것을 고르십시오.

① 빛 좋은 개살구   ② 땅 짚고 헤엄치기

③ 밑 빠진 독에 물 붓기   ④ 천리 길도 한 걸음부터

 **정답** ❹

 **풀이** 처음 사회생활을 시작할 때에는 서두르지 말고 계획을 세워 하나하나 실천을 해야 한다는 말이 들어가야 하므로 ④번이 답이 된다.
① 겉만 좋고 실속은 없음을 나타내는 뜻이다.
② 쉽고 안전하여 실패할 염려가 없음을 나타내는 뜻이다.
③ 아무리 해도 끝이 없고 보람도 없음을 나타내는 뜻이다.
④ 아무리 큰일이라도 그 첫 시작은 작은 데서 시작된다는 뜻이다.

 다음 글을 읽고 물음에 답하십시오.

> 내가 태어나서 처음 받은 수술은 다리 수술이었다. 어느 날 계단에서 미끄러졌는데 그만 다리가 부러진 것이다. 수술하기 전날 밤은 수술에 대한 걱정으로 밤을 (㉠) 했다. 그 후로도 한동안 계단을 내려가는 것에 대한 공포가 있었다. 하지만 일 년이 지난 지금 (㉡)이라는 말처럼 그런 두려움은 깨끗이 사라졌다.

1
15회 29번

㉠에 알맞은 것을 고르십시오.

① 새우다시피 ② 새우나 마나
③ 새우든지 말든지 ④ 새우는 둥 마는 둥

 ①

 수술을 앞두고 걱정이 되어서 밤이 새도록 잠을 잘 수가 없었다는 내용으로 ㉠의 ( )에는 어떤 동작에 가까움을 나타내는 표현인 '-다시피'가 들어가야 맞는 문장이 된다.
예) 너도 잘 알다시피 내게 무슨 돈이 있니?
②의 '새우나 마나'는 부정의 뜻이 있는 '말다'와 같이 쓰여 앞에 있는 동사의 행동이나 상태가 쓸모없거나 헛된 일인 것을 나타내는 것으로 밤을 새워도 아무 소용없다는 뜻이다.
예) 너무 늦어서 지금은 가나 마나예요.
③ '-든지 말든지'는 이렇게 하든 저렇게 하든 상관이 없다는 말이다.
예) 밥을 먹든지 말든지 마음대로 해라.
④ '-는 둥 마는 둥'은 어떤 일을 하는 것도 같고 아닌 것도 같다는 표현으로 즉, 이것도 저것도 아닌 상태임을 말한다.
예) 일을 하는 둥 마는 둥 딴 짓만 하고 있네요.

2
15회 30번

㉡에 알맞은 것을 고르십시오.

① 시간은 금 ② 그림의 떡
③ 시간이 약 ④ 싼 게 비지떡

 ③

 계단에서 미끄러져 다리를 다친 이후로는 계단을 내려갈 때면 두려웠는데 시간이 흐르니까 그런 두려움이 없어졌다는 내용이다. ㉡의 ( ) 안에는 어떤 일을 겪고 나서 힘들었던 것이 시간이 지나면 점점 잊혀진다'는 뜻으로 ③이 들어가야 한다.
① 시간은 '금'처럼 소중하므로 아무렇게나 낭비하지 말라는 뜻이다.
② 그림 속의 떡이 아무리 맛있어 보여도 실제로 먹을 수 없는 것처럼 가질 수 없는 것은 아무리 욕심이 나도 어쩔 수 없다는 뜻이다.
④ 싸게 산 물건은 질도 좋지 않다는 뜻이다.

1~2 다음 글을 읽고 물음에 답하십시오.

> 우리가 흔히 쓰고 있는 속담 중에 (㉠)라는 말이 있다. 이 말은 어떤 일이든 원인에 따라 결과가 생긴다는 뜻이다. 자신은 (㉡) 않고 좋은 결과만 기대하는 사람에게 자연의 정직함을 빗대어 교훈을 주는 말이다.

1 ㉠에 알맞은 것을 고르십시오.

① 사공이 많으면 배가 산으로 간다
② 가지 많은 나무에 바람 잘 날 없다
③ 하늘이 무너져도 솟아날 구멍이 있다
④ 콩 심은 데 콩 나고 팥 심은 데 팥 난다

 **정답** ④

 **풀이** 아무 노력도 하지 않고 결과만 좋기를 바라면 안 된다는 의미이므로 ④번이 들어가야 한다.
① 간섭하는 사람이 많으면 일이 잘 안 된다는 뜻이다.
② 자식 많은 사람은 걱정이 떠날 때가 없다는 뜻이다.
③ 아무리 큰 재난에 부딪히더라도 그것에서 벗어날 길은 있다는 뜻이다.
④ 모든 일은 원인에 따라 결과가 생긴다는 뜻이다.

2 ㉡에 알맞은 것을 고르십시오.

① 노력해 보고서 ② 노력해 볼수록
③ 노력해 보지도 ④ 노력해 보자면

 **정답** ③

 **풀이** '노력하지도 않고 결과만 좋기를 기다리면 안 된다'는 내용의 문장이어야 하므로 보기에서 가장 적당한 표현은 ③번이 된다.
①,②,④번의 경우에는 뒤에 바로 나오는 '않고'와 어울리지 않으며 문맥과 내용상으로 맞지 않으므로 답이 될 수 없다.

한국어능력시험
중급

쓰기

쓰기 구성

한국어 능력시험 평가 영역별 배점표

평가 영역		배점
표현 영역	어휘 및 문법	100
	쓰기	100
이해 영역	듣기	100
	읽기	100
계		400

평가 개요

구분	내 용
목표	– 문장을 정확하고 적절하게 구성할 수 있는지 평가한다. – 담화 맥락에 적절한 담화를 구성할 수 있는지 평가한다. – 맥락과 격식에 맞게 짧은 글을 구성할 수 있는지 평가한다. – 일관성 있고 조리 있게 글을 구성하고 표현할 수 있는지 평가한다.
기준	– 개인적인 친숙한 소재의 글을 유창하고 정확하게 쓸 수 있다. – 자신에게 친숙한 사회적 소재뿐 아니라 일반적인 사회적, 추상적 소재에 대해 글을 쓸 수 있다. – 일반적인 업무와 관련된 간단한 보고서 등을 작성할 수 있다. – 간단한 글의 구조를 이해하여 설명문, 수필, 감상문 등을 쓸 수 있다. – 문어와 구어의 기본적인 특성을 구분할 수 있으며 문어체 종결표현을 사용해 글을 쓸 수 있다.
문항 형태	– 객관식: 제시된 4개의 보기 중 문제에서 지시한 사항에 알맞은 답을 고르는 유형 – 주관식: 완성형 – (　　　) 안에 알맞은 표현을 쓰는 유형 　　　　　작문형 – 주어진 주제에 따라 완성된 글 한 편을 쓰는 유형
텍스트 유형	주장하는 글: 비판적 분석과 설득을 위한 텍스트 안내문, 설명문: 정보 이해 및 전달을 위한 텍스트 생활문, 경수필: 정서표현을 위한 텍스트 이메일, 편지: 친교적 반응을 위한 텍스트 대화문: 한국어교육을 위한 텍스트
주제	일상생활: 학교생활, 직장생활, 주생활, 대인관계, 물건, 개인, 가족, 계절, 날씨, 기타 사회: 사회현상, 지역사회, 직업, 사건, 사고, 법, 제도, 선거, 기타 경제, 경영: 경제적 현상, 쇼핑, 기타 과학: 환경, 발견, 발명, 기타 교육: 학습, 교육방식, 기타 문화: 음악, 연극, 영화, 축제, 행사, 한국음식, 기타 여가활동: 스포츠, 여행 및 취미, 기타 건강: 건강관리, 기타 철학: 가치관, 기타

문항 유형 분석

구분	문항 유형 (문제번호)	내 용
❶	대화 완성하기 (31~34) (객관식)	- 두 사람 간의 짧은 대화를 보고, 공란을 문맥에 맞게 완성하는 문제 - 질문에 대답하기, 앞 발화에 반응하기, 대답 보고 질문하기 등 *문장의 일부나 전체를 완성할 수 있어야 한다.
❷	같은 의미 문장 고르기 (35~36) (객관식)	- 밑줄 친 부분과 같은 의미의 표현을 고르는 문제 *문법 영역의 문제와 달리 문장 전체나 절 단위 이상으로 바꿔 쓰는 문제이다.
❸	잘 또는 잘못 풀어 쓴 것 고르기 (37~38) (객관식)	- 제시된 텍스트의 내용을 문장으로 바르게 풀어쓰거나 다른 표현으로 적절히 고쳐 썼는지 파악하는 문제 *안내문, 메모, 요약문, 기사, 그래프 등의 다양한 텍스트로 출제될 수 있다.
❹	글 완성하기 I (39~40) (객관식)	- 공란을 문맥에 맞게 완성하는 방식의 문제 : 글 전체의 맥락을 파악하고, 빠진 부분과 앞뒤 문장의 관계를 알맞게 표현해 주는 연결어를 포함한 보기를 골라낼 수 있어야 한다.
❺	제시어 이용해 문장 쓰기 (41~42) (완성형 주관식)	- 제시된 세 개의 짧은 문장을 적절히 연결하여 한 문장으로 만드는 문제 : 주어진 문장들 간의 논리적 관계를 파악하고, 적절한 연결 표현을 사용할 수 있어야 한다.
❻	글 완성하기 II (43~45) (완성형 주관식)	- 공란을 문맥에 맞게 완성하는 방식의 문제 : 글 전체의 맥락을 파악하고, 빠진 부분과 앞뒤 문장의 관계를 알맞게 표현해 주는 연결어를 사용하여 답안을 구성한다. 지문 안에 답이 될 수 있는 표현이 숨어있으므로 이를 잘 파악하여 답안을 구성한다.
❼	작문하기 (46) (서술형 주관식)	- 자유 작문하기 : 주어진 주제에 맞추어 자유롭게 글을 쓰는 방식의 문제, 의미의 표현과 전달이 중요한 의사소통적 글쓰기이다.

출제 경향 분석표

문항유형	10회	11회	12회	13회	14회	15회	합계
대화 완성하기	4	4	4	4	4	4	24
글 완성하기 II	3	3	3	3	3	3	18
글 완성하기 I	2	2	2	2	2	2	12
같은 의미의 문장 고르기	2	2	2	2	2	2	12
잘 또는 잘못 풀어 쓴 것 고르기	2	2	2	2	2	2	12
제시어 이용해 문장쓰기	2	2	2	2	2	2	12
작문하기	1	1	1	1	1	1	6
문맥상 잘못된 문장 고르기	–	–	–	–	–	–	–
	16	16	16	16	16	16	96

주제	10회	11회	12회	13회	14회	15회	합계
일상생활	11	7	8	7	9	5	47
문화	2	1	1	2	1	–	7
여가 활동	1	1	1	1	1	–	5
과학	–	2	1	1	1	2	7
사회	–	1	1	2	–	3	7
교육	–	2	1	–	1	2	6
경제, 경영	–	–	–	2	1	1	4
철학	–	–	1	1	–	1	3
건강	–	–	1	–	–	–	1
역사	–	–	–	–	–	–	–
언어생활	–	–	–	–	–	–	–
기타	2	2	1	–	2	2	9
	16	16	16	16	16	16	96

텍스트 유형	10회	11회	12회	13회	14회	15회	합계
대화문	6	6	6	6	6	6	36
설명문	3	1	1	2	5	4	16
주장하는 글	–	3	4	3	–	1	11
안내문	2	1	–	1	2	2	8
광고	–	1	2	1	–	–	4
경수필	2	1	–	–	–	–	3
생활문	–	–	–	–	2	–	2
이메일	–	–	–	–	–	–	–
편지	–	–	–	–	–	–	–
기타	3	3	3	3	1	3	16
	16	16	16	16	16	16	96

유형별 기출 및 실전 문제

쓰기유형	유형별 문항 수	기출 2회	실전 2회
유형 1– 대화 완성하기	4	8	8
유형 2– 같은 의미 문장 고르기	2	4	4
유형 3– 잘 또는 잘못 풀어 쓴 것 고르기	2	4	4
유형 4– 글 완성하기 I	2	4	4
유형 5– 제시어 이용해 문장 쓰기	2	4	4
유형 6– 글 완성하기 II	3	6	6
유형 7– 작문하기	1	2	2
계	16	32	32

대화 완성하기(객관식)

짧은 대화를 보고, 공란을 문맥에 맞게 완성 하는 문제

풀이전략

주로 질문에 알맞은 대답이나, 앞 발화에 알맞은 반응을 고르는 유형으로, 대화의 상황을 잘 파악하는 것이 중요하다.

Test of PROFICIENCY in KOREAN

1~4 밑줄 친 부분에 알맞은 것을 고르십시오.

1
14회 32번

가 : 고향에 계신 부모님께 자주 전화하세요?

나 : 네. 일주일에 두세 번은 하니까 ____________________.

① 가끔 하려고 해요
② 가끔 한 모양이에요
③ 자주 하는 편이지요
④ 자주 할 필요가 없어요

  ❸

 부모님께 자주 전화를 하느냐는 질문에 가장 알맞은 대답을 고르는 문제이다. 긍정하는 표현인 '네'가 쓰였으므로 대답은 '부모님께 자주 전화한다'는 내용이어야 한다. 앞부분에 '이유 또는 판단의 근거'를 나타내는 '-니까'가 쓰였으므로 뒷부분에는 '자주 한다'는 의미인 ③이 가장 적절하다. ③의 '-는 편이다'는 '대체로 어떤 부류에 속함'을 나타낸다.

실전문제

1~4 밑줄 친 부분에 알맞은 것을 고르십시오.

1

가: 곧 방학이라 시간이 많아져서 좋겠네요.

나: 방학이라도 취업준비 때문에 ___________.

① 쉴 수 있을 거예요
② 쉴 수밖에 없겠지요
③ 쉴 수 있을까 싶어요
④ 쉴 수 있어서 다행이에요

정답 ❸

풀이 (나)의 '-라도'는 '어떤 사실을 가정하여도 다른 경우와 마찬가지로 상관없음'을 나타내는 표현이다. '방학이라 시간이 많아져서 좋겠다'는 (가)의 말에 (나)는 '방학이라도……'로 답변을 시작하고 있으므로 밑줄에는 '방학이라 시간이 많아지게 될 것과는 상관없이 쉴 수 없다'는 내용이 와야 한다.
③은 '쉴 수 없을 것 같다'는 의미로 밑줄에 가장 알맞은 표현이다. '-을까'는 '말하는 사람의 의심이나 의문'을 나타내는 표현이고, 이것이 '보다, 싶다, 하다, 생각하다, 고민하다, 걱정하다' 등의 동사와 함께 쓰여 '말하는 사람의 생각이나 추측'을 나타내기도 한다.
①,②,④는 모두 '쉴 수 있다'는 내용을 포함하므로 답이 될 수 없다.

2
13회 34번

가: 늦어서 미안해. 먼저 먹지 왜 기다렸어?

나: 음식이 방금 나와서 ＿＿＿＿＿＿＿＿.

① 마침 먹을 뻔했어
② 막 먹을 모양이야
③ 마침 먹었을 뿐이야
④ 막 먹으려던 참이야

  ④

 기다리게 한 것에 대한 미안함에 음식을 먼저 먹지 그랬느냐는 (가)의 말에 적절한 응답을 고르는 문제로 문장의 숨은 뜻을 파악할 수 있어야 답을 찾을 수 있다.

④ '막 먹으려던 참이야'는 '바로 지금 먹으려고 하는 중이었다'와 같은 의미이고, 앞부분에 '이유나 근거'를 나타내는 '-아서'가 쓰였으므로 뒷부분에는 ④가 가장 적절하다.

①도 문법적으로 틀리지는 않으나, 일반적으로 사과 표현에 대한 응답으로는 (상대방이 느끼는)미안함을 덜어주기 위한 표현을 전략적으로 사용하므로 ④가 더 적절하다.

②의 '모양'은 '짐작이나 추측'을 나타내는 말로 1인칭을 주어로 한 현실적인 내용의 문장에서는 사용하지 않는다.

③은 (가)의 말로 보아 (나)가 아직 음식을 먹지 않았으므로 답으로 적절하지 않다.

2

가: 이렇게 많은 걸 하루 만에 외울 수 있을까?

나: ___________ 그걸 하루 만에 다 외울 수 없지.

① 천재라기보다는
② 천재라서 그런지
③ 천재가 아니지만
④ 천재가 아니고서야

새 어휘

천재 선천적으로 타고난, 남보다 훨씬 뛰어난 재주 또는 그런 재능을 가진 사람
예) 그는 천재적인 피아니스트였다.

 ④

 (나)는 천재가 아니라면 하루 만에 그걸 다 외울 수 없다는 것을 강조하기 위한 표현인 ④ '천재가 아니고서야'가 들어가야 한다. '–고서야'는 '–을 수 없다'와 함께 쓰여 뒤 문장의 상황이 일어나기 힘들거나 불가능함을 강조하여 나타낸다.

3
12회 31번

가 : 결혼 선물로는 너무 싼 것이 아닐까요?

나 : ＿＿＿＿＿＿＿ 마음이 중요하지요.

① 싸다고
② 싼데도
③ 값이 비싸서
④ 값이 아니라

  ④

 결혼 선물의 가격이 싼 것을 걱정하는 질문에 대한 적절한 응답을 고르는 문제이다. 값을 걱정하는 (가)에 대한 대답으로 (나)의 문장 뒷부분에서 '마음이 중요하다'고 응답한 것을 보아 '중요한 것은 값이 아니라 마음이다'라는 내용임을 알 수 있다.

실전문제

3

가: 부장님, 오늘 회식 어디에서 할까요?

나: 우리 회사 뒤에 한식집이 _____________ 거기서 합시다.

① 새로 생겼던데
② 새로 생긴다던데
③ 어제 문 닫았으니까
④ 내일 문을 연다니까

 ❶

 오늘 회식할 장소에 대해 묻는 (가)에 대한 알맞은 응답을 완성하는 문제이다. (나)는 '오늘' 회식 할
장소로 '회사 뒤에 있는 한식집'을 제안하고 있으므로 내용상 ①이 답이다.
②,③,④는 모두 '회사 뒤 한식집'이 '오늘'은 존재하지 않음을 의미하므로 답이 될 수 없다.

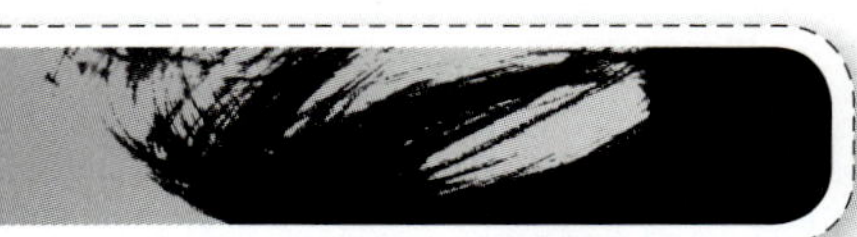

4
11회 32번

가: 제 동생 못 봤어요?

나: ＿＿＿＿＿＿＿＿＿＿＿ 아까 저쪽으로 막 뛰어 갔어요.

① 무슨 할 일이라도 있겠지
② 무슨 할 일이라도 생길지
③ 무슨 급한 일이라도 생겨야지
④ 무슨 급한 일이라도 있는지

 ④

 동생을 못 봤냐는 질문에 가장 알맞은 대답을 고르는 문제이다.
④의 '–는지'는 '뒤 내용에 대한 막연한 이유나 상황'을 나타낼 때 쓰는 말이다. '잘은 모르지만 아마도 급한 일이 있어서 뛰어간 것'이라고 막연히 생각하여 말하는 것이므로 가장 적절하다.
①과 ③은 문장을 끝맺는 어미로 끝났기 때문에 (나) 문장의 뒷부분과 자연스럽게 연결될 수 없다.
② (나) 문장의 시제가 과거이므로 '무슨 할 일이라도 생길지'라는 미래에 대한 추측은 적절하지 않다.

실전문제

4

가: 이제 매운 음식도 잘 드시네요.

나: 네. 자꾸 먹다 보니까 ＿＿＿＿＿＿＿.

① 아주 못 먹겠어요
② 이제 먹을 만해요
③ 아주 맛있을 거예요
④ 이제 먹을 것 같아요

  ②

 '-다가 보니(까)'는 '어떤 행위를 하는 과정에서 새로운 사실을 깨닫게 되거나 새로운 상태로 됨'을 나타낸다. (나)는 '처음에는 잘 못 먹었는데 여러 번 먹다 보니 이제 잘 먹는 상태가 되었다'는 내용이 되어야 하므로 ②가 답이다. '먹을 만하다'는 '음식이 괜찮거나 또는 맛있음'을 나타내는 표현이다.

 밑줄 친 부분에 알맞은 것을 고르십시오.

1
14회 34번

가 : 아저씨, 너무 비싸니까 좀 깎아 주세요.

나 : ＿＿＿＿＿＿＿＿＿＿＿ 하나 더 드릴게요.

① 깎아 주는 대로
② 깎아 주는 대신에
③ 깎아 줄까 하다가
④ 깎아 주기는 하지만

물건을 사는 사람과 파는 사람의 대화이다. (가)의 깎아 달라는 요청에 (나)가 '하나 더 주겠다'고 한다. '-대신에'는 '어떤 대상의 자리나 역할을 바꾸어서 새로 맡음'을 뜻한다. 즉, (나)는 깎아 달라는 요청은 거절하면서 그에 대한 대안으로 하나를 더 주겠다는 내용이 되어야 한다. 그러므로 ② '깎아주는 대신에 하나 더 드릴게요'가 알맞은 답이다.

1~4 밑줄 친 부분에 알맞은 것을 고르십시오.

1

가: 아직 출발 안하고 뭐하세요?

나: 막 ______________ 열쇠가 없어져서 못 나가고 있어요.

① 나가려고 하더니
② 나가려고 하지만
③ 나가려고 하던데
④ 나가려고 하는데

 ④

 (가)의 질문에 대해 (나)는 아직 출발하지 않은 이유를 말하고 있다. ④의 '-는데'는 말하려고 하는 내용과 관련되거나 대립되는 상황을 미리 제시할 때 쓰는 표현이다. 나가려고 하는 중이었다는 앞선 상황을 제시하면서 열쇠가 없어졌다는 사실을 말하고 있다.

2
12회 32번

가 : 기분이 좋아 보이시네요.

나 : 네. 거의 ___________________.

① 일이 끝나가서요
② 일을 끝내야 돼요
③ 일을 끝내기로 해요
④ 일이 끝나면 좋겠어요

 　❶

　'거의'는 '어느 일정한 정도에 매우 가까운 정도'를 뜻하는 말이므로 (나)의 뒤 내용으로는 ① '일이
끝나가서요'가 가장 알맞다.

실전문제

2

가: 윤희 씨, 피아노 연주회 준비는 잘 돼 가요?

나: 연습을 안 해서 그런지 _______________.

① 실력이 늘지 않아요
② 잘 할 자신이 있어요
③ 잘 할 자신이 있을 걸요
④ 실력이 잘 늘지 않는대요

  ❶

 '연주회 준비가 잘 돼 가느냐'는 질문에 대한 대답을 완성하는 문제이다. (나)의 '그런지'는 뒤의 내용에 대한 막연한 이유나 상황을 나타내고 있다. 내용상 '연습을 잘 안해서 실력이 잘 늘지 않는 것 같다'는 의미로 ①이 적절하다.
②와 ③은 문맥상 알맞지 않고, ④의 '–대요'는 다른 사람에게서 들은 말을 인용하여 전할 때 쓰는 표현으로, 자기 이야기를 하는 (나)의 답으로는 적절하지 않다.

3
11회 34번

가 : 요즘 길거리가 어떻게 이렇게 깨끗해졌지요?

나 : _________________________ 이렇게 되었대요.

가 : 그렇군요. 쓰레기통이 없으면 아무 데나 버리게 되지요.

① 쓰레기통이 아직 없는 대신에
② 쓰레기통을 만들어 놓았더니
③ 쓰레기통이 아직 없을 때마다
④ 쓰레기통을 만들어 놓았는데도

 ❷

'어떻게 해서 거리가 깨끗해졌는지'를 묻는 (가)에 대한 가장 적절한 대답을 고르는 문제이므로 (나)문장의 앞부분은 거리가 깨끗해진 이유를 나타내는 표현이어야 한다. 또한 (나)에 대하여 동의하는 대답인 (가)의 '쓰레기통이 없으면 아무 데나 버리게 된다'는 말은 '쓰레기통이 있으면 아무 데나 버리지 않게 된다'와 같은 뜻이므로 (나)는 '쓰레기통이 있어서 거리가 깨끗해졌다'는 내용이 되어야한다.
②의 '더니'는 '과거의 사태나 행동에 뒤이어 일어난 상황을 이어 주는 말'로 주로 앞 문장이 뒤에 있는 문장의 원인이 된다. 그러므로 거리가 깨끗해진 원인을 말하고 있는 ②가 답으로 적절하다.
①과 ③은 (나)의 앞부분이 '쓰레기통이 생겼다'는 내용이 되어야 하므로 답이 될 수 없고, ④에서 쓰인 '-는데도'는 '앞의 상황에 상관없이 뒤의 상황이 일어남'을 나타내므로 답으로 적절하지 않다.

실전문제

3

가: 필요한 것이 있으면 언제든지 말씀하세요.

나: ___________ 정말 고마워요.

① 그렇게 말씀해 주셔서
② 그렇게 말씀해 주셨지만
③ 그렇게 말씀하시기만 하면
④ 그렇게 말씀하신다고 해서

 ❶

(가)의 제안에 (나)가 고맙다는 표현을 하고 있다. '정말 고마워요' 앞에는 문맥상 고마움을 느끼는 이유가 들어가야 하므로 ①이 답으로 적절하다. 이처럼 '반갑다, 고맙다, 감사하다, 미안하다' 등과 함께 쓰이는 인사말 또는 자신의 감정이나 상황에 대한 이유를 나타내는 경우에는 '-아서'를 사용한다.

4
15회 31번

가: 준영 씨는 먼저 들어갔나요?

나: 가방이 있는 걸 보니까 ______________.

① 잠깐 나갔나 봐요
② 잠깐 나가겠어요
③ 조금 후에 나가면 돼요
④ 조금 후에 나가려고 해요

  ❶

 준영 씨가 먼저 갔느냐는 (가)의 질문에 가장 적절한 대답을 완성하는 문제이다. 대답 문장의 앞부분에 '이유 또는 판단의 근거'를 나타내는 연결어미 '-니까'가 쓰였으므로 뒷부분은 판단하는 내용이어야 한다. 즉, '가방이 있는 것으로 보아 준영 씨가 간 것은 아니고, 잠깐 나간 것 같다'는 추측을 나타내는 ①이 가장 적절하다.

실전문제

4

가: 죄송합니다만, 늦을 것 같은데 조금만 더 기다려 주시겠어요?

나: 네. 도착하거든 ________________.

① 전화하시네요
② 전화하겠지요
③ 전화해 주세요
④ 전화할 거예요

  ❸

 조금만 더 기다려 달라는 요청에 알맞은 대답을 완성하는 문제이다. '-거든'은 조건이나 가정을 나타내는 표현으로 주로 명령이나 권유 · 부탁 · 약속을 나타내는 '-으세요, -아라, -읍시다, -자'나 의지나 추측을 나타내는 '-겠다, -을 것이다' 등과 함께 쓰인다. (나)는 (가)의 부탁에 대하여 수락과 동시에 전화해 달라는 요청을 하는 상황이므로 ③이 알맞은 표현이다. ①,②,④는 요청을 나타내는 형태의 문장이 아니므로 답이 될 수 없다.

MEMO

밑줄 친 부분과 같은
의미의 표현을
고르는 문제

같은 의미 문장 고르기 (객관식)

풀이전략

두 문제씩 출제되며 둘 중 하나는 주로 관용 표현 또는 속담에 대한 문제이므로, 평소 중급 수준의 관용 표현과 속담을 익혀 두는 것이 좋다.

1~2 밑줄 친 부분을 같은 의미로 바꾸어 쓴 것을 고르십시오.

1
11회 35번

가 : 아직 멀었어요? 벌써 30분이나 지났는데…….

나 : <u>곧 도착할 거예요.</u>

① 곧 올까 해요
② 거의 다 왔어요
③ 곧 온 줄 알았어요
④ 거의 다 올지 몰라요

  ❷

 '도착하다'는 '목적한 곳에 다다르다'는 뜻이다. 곧 도착할 것이라고 했기 때문에 '아직 도착하지는 않았지만 거의 다 왔다'라는 말과 같은 뜻이 된다.
(이 문제에서의 '오다'는 '어떤 사람이 말하는 사람 혹은 기준이 되는 사람이 있는 쪽으로 움직여 위치를 옮기다'라는 뜻을 나타낸다.)

1~2 밑줄 친 부분을 같은 의미로 바꾸어 쓴 것을 고르십시오.

1

가: 영은 씨, 그 남자 어디가 그렇게 좋아요?

나: 그 사람은 <u>냉정한 것 같으면서도</u> 따뜻한 사람이에요.

① 냉정하다고 해서
② 냉정한 것 같지만
③ 냉정할 수밖에 없어서
④ 냉정한 것밖에 없어서

  ❷

 '남자의 어디가 좋으냐'는 (가)의 질문에 (나)는 '냉정한 면도 있는 것 같지만 따뜻한 사람'이라서 좋다는 의미의 표현을 하고 있으므로 ②가 답이다. '–으면서도'는 '동시에 일어나는 반대되는 행위나 상태'를 나타낸다.

2
14회 36번

가: 철수가 다른 사람한테 그 얘기를 하면 안 되는데…….

나: 걱정하지 마. 그 친구는 <u>비밀을 잘 지키니까</u>.

① 입이 짧거든
② 입이 무겁거든
③ 말이 앞서니까
④ 말뿐이라고 하더라

 **②**

 '비밀을 잘 지키다'에 해당하는 관용 표현을 묻는 문제이다. '들은 말이나 아는 일을 함부로 옮기지 않고 비밀을 잘 지키다'의 의미를 나타낼 때는 ② '입이 무겁다'라고 말한다. 비슷하게, '입이 천 근 같다'라는 표현도 있다. 이와 반대로 '들은 말을 남에게 잘 옮기다'의 관용 표현은 '입이 가볍다'이다.

① '입이 짧다'는 '음식을 심하게 가리거나 적게 먹는다'는 뜻이고, ③과 ④는 '말만 하고 행동은 하지 않다'를 의미하는 관용적 표현이므로 비밀을 지키는 것과는 관련이 없다.

2

가: 축하해요. 학교 대표로 수영대회에 나간다면서요?

나: 네. 다들 너무 기대가 커서 <u>부담이 되네요.</u>

① 머리가 무겁네요
② 머리가 가볍네요
③ 어깨가 가볍네요
④ 어깨가 무겁네요

 **④**

'부담이 되다'에 해당하는 관용 표현을 묻는 문제로, '부담'은 '어떠한 의무나 책임'을 뜻한다. ④는 '무거운 책임을 져서 마음에 부담이 크다'는 표현으로 (나)의 '부담이 되다'와 같은 의미이다.
① '머리가 무겁다'는 '기분이 좋지 않거나 머리가 울리듯 아프다'는 관용 표현이다.
② '머리가 가볍다'는 '상쾌하여 마음이나 기분이 거뜬하다'는 관용 표현이다.
③ '어깨가 가볍다'는 '무거운 책임에서 벗어나거나 그 책임을 덜어 마음이 편하다'는 관용 표현이다.

1
13회 35번

가 : 유진 씨가 추천해 준 영화는 재미있었어요?

나 : 네, 그런데 <u>재미있으면서도 슬펐어요.</u>

① 재미있다가 슬퍼졌어요
② 재미있기보다는 슬펐어요
③ 재미있지도 슬프지도 않았어요
④ 재미있기도 하고 슬프기도 했어요

 ❹

 영화가 재미있었냐는 (가)의 질문에 대해 (나)가 '재미있으면서도 슬펐다'고 대답하는 대화이다. '-으면서도'는 '둘 이상의 행위나 상태를 동시에 겸하고 있음'을 나타내는 '-으면서'를 강조하기 위해 조사 '도'가 붙은 것이다. 즉, 재미있고 슬펐다는 것을 동시에 표현하기 위해서는 (나)의 밑줄 친 표현과 비슷하게 ④ '재미있기도 하고 슬프기도 했어요'라고 표현할 수 있다.
①의 '-다가'는 '어떤 행위나 상태가 중단되고 다른 행위나 상태로 바뀜'을 나타낸다.
②는 '재미는 없었고 슬프기만 했다'는 뜻이므로 밑줄 친 표현과 의미가 다르다.
③은 '재미도 없었고, 슬프지도 않았다'는 뜻이므로 밑줄 친 표현과는 의미가 반대되는 내용이다.

실전문제 2회

1~2 밑줄 친 부분을 같은 의미로 바꾸어 쓴 것을 고르십시오.

1

가: 은지 씨는 벌써 가버렸나요?

나: 급한 일이 있는지 <u>강의가 끝나자마자</u> 나가던데요.

① 강의가 끝나기 전에

② 강의가 끝났다고 해서

③ 강의가 끝나려고 하다

④ 강의가 끝나고 나서 바로

 ❹

 밑줄 친 부분의 '-자마자'는 '어떤 상황에 이어 곧바로 또 다른 상황이 있음'을 나타내는 말이므로 ④의 의미와 비슷하다. (나)의 밑줄 앞과 뒤의 부분을 보아, 급한 일이 있어서 강의가 끝난 후 바로 나갔을 것이라는 의미가 자연스럽다.
①의 '-기 전에'는 강의가 아직 끝나지 않은 상태임을 나타내므로 답이 될 수 없다.
②의 '-아서'는 앞의 행위나 상태가 원인이나 이유임을 나타내는 말로, 앞 상황에 곧바로 다른 상황이 이어지는 의미를 표현하기에는 부족하다.
③의 '-려고 하다'는 어떤 일이 막 일어날 것 같거나 어떤 상황이 시작될 것 같음을 나타내므로, 강의가 끝난 것을 의미하는 밑줄과는 뜻이 다르다.

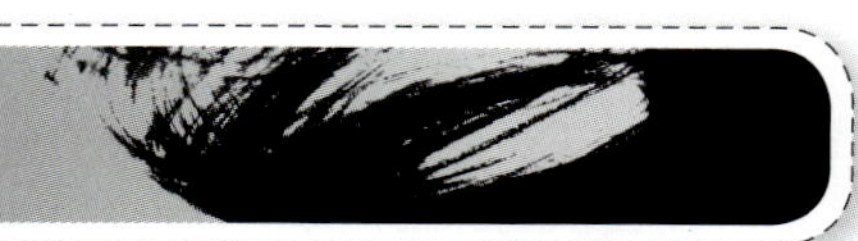

2
15회 36번

가 : 수진 씨, 우리 회사까지 웬일이에요?

나 : 민수 씨가 <u>아는 사람이 많다고 해서</u> 뭘 좀 물어보려고요.

① 발이 넓다고 하니
② 발이 넓다고 하자
③ 꼬리가 길다고 해서
④ 꼬리가 길다면 모를까

 ❶

 '아는 사람이 많다'에 해당하는 관용어를 묻는 문제이다. '사귀어 아는 사람이 많아 활동하는 범위가 넓다'는 의미를 나타낼 때 '발이 넓다'고 표현한다. 밑줄 친 내용과 뒤 내용이 원인이나 이유를 나타내는 '-아서'로 연결되었으므로, 앞 내용이 뒤 내용에 대한 이유나 판단의 근거임을 나타내는 '-으니'를 사용한 ①이 비슷한 의미를 나타낸다.

②의 '-고 해도'는 앞의 행위나 상태와 관계없이 꼭 뒤의 일이 있음을 나타내는 말이므로 답이 될 수 없다.

③과 ④의 '꼬리가 길다'는 표현은 '못된 짓을 오래 계속하다' 또는 '방문을 닫지 않고 드나들다'라는 의미로 쓰이는 관용 표현이므로 '아는 사람이 많다'와는 관계가 없다.

실전문제

2

가: 강아지를 잃어버렸다면서요?

나: 네. 그런데 어젯밤에 찾았어요. 하루 종일 얼마나 <u>걱정을 했는지</u> 몰라요.

① 속을 태웠는지
② 속이 시원한지
③ 마음이 풀렸는지
④ 마음이 통하는지

 ❶

 '걱정을 하다'에 해당하는 관용어를 묻는 문제이다. ①의 '속'은 사람의 마음이나 생각을 뜻하며, '속을 태우다'는 '걱정을 하다'와 같은 의미의 관용 표현이다.
②의 '속이 시원하다'는 '좋은 일이 생기거나 나쁜 일이 없어져서 마음이 상쾌하다'는 의미이다.
③의 '마음이 풀리다'는 '마음에 남아 있던 나쁜 감정이 없어지다' 또는 '긴장했던 마음이 덜해지다'를 뜻하는 관용 표현이다.
④의 '마음이 통하다'는 '서로 생각이 같아 이해가 잘되다'를 뜻한다.

잘 또는 잘못 풀어 쓴 것 고르기(객관식)

풀이전략

안내문, 광고문, 메모, 요약문, 기사, 그래프 등의 다양한 형식으로 출제될 수 있다. 지문에 제시된 문장의 순서와 4개 보기의 순서가 거의 동일하게 제시되므로 앞에서부터 차근차근 비교해 보며 풀어나가는 것이 좋다.

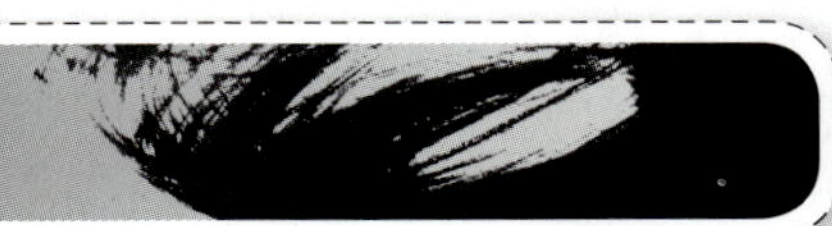

1~2 다음 안내문의 내용과 <u>같은 것</u>을 고르십시오.

1
12회 37번

꼭 한번 가 보고 싶은 섬, 제주도

> 2박 3일 259,000원(1일 연장 시 60,000원 추가)
> 수요일, 목요일 출발 시 할인 혜택
> 공항 및 유명 관광지와 가까운 호텔 제공
> 조식, 석식 포함
> 출발 일주일 전까지 전액 환불 가능

아름다운 섬 제주도를 여행해 보시지 않겠습니까? ① 2박 3일 일정에 259,000원이고 이틀 이상 연장할 수 없습니다. ② 호텔은 교통이 편리한 곳에 위치하고 있으며, 식사는 제공하지 않습니다. ③ 출발 요일에 따라 요금이 다를 수 있으니 확인하시기 바랍니다. ④ 예약을 취소하실 경우에는 수수료가 부과됩니다.

  ❸

 위의 안내문 '꼭 한번 가 보고 싶은 섬, 제주도'의 내용과 같은 것은 보기 ③이다. ③의 '출발 요일에 따라 요금이 다를 수 있으니 확인하시기 바랍니다'는 안내문의 '수요일, 목요일 출발 시 할인 혜택'을 통해 추측할 수 있다.
① 안내문에는 '1일 연장 시 60,000원 추가'라는 내용만 있을 뿐, 연장 가능 기간에 대한 내용은 없다.
② 안내문의 '공항 및 유명 관광지와 가까운 호텔 제공'은 '호텔이 교통이 편리한 곳에 위치하고 있다'와 같은 의미이고, 안내문의 '조식, 석식 포함'은 식사를 제공한다는 의미이므로 답이 될 수 없다.
④ 안내문에 '출발 일주일 전까지 전액 환불 가능'이라는 내용이 있으므로 답이 될 수 없다.

1~2 다음 안내문의 내용과 <u>다른 것</u>을 고르십시오.

1

깨끗한 내 집 앞 만들기

> 일반 쓰레기(종량제 봉투 사용) 및 음식물 쓰레기: 화, 목, 일요일 배출
> 대형 생활 폐기물: 매주 수요일 배출
> 재활용 쓰레기: 신고 후 투명 비닐 봉투에 묶어서 배출
> 쓰레기 배출시간: 저녁 9시~저녁 12시
> 쓰레기 무단 투기 시 100만 원 이하의 과태료 부과

깨끗한 내 집 앞을 만듭시다! ① 일반 쓰레기와 음식물 쓰레기는 화, 목, 일요일에 배출하고 ② 재활용 쓰레기는 반드시 신고 후, 투명 비닐 봉투에 묶어서 배출해야 합니다. ③ 배출시간은 저녁 9시부터 밤 12시까지이며 ④ 아무 때나 버릴 시엔 100만 원 이상의 벌금을 내야 합니다.

새 어휘

종량제 물품의 무게나 길이, 용량에 따라 세금이나 이용 요금을 매기는 제도
예) 쓰레기 종량제 봉투의 용량이 다양하다.

폐기물 못 쓰게 되어 버리는 물건
예) 산업폐기물 문제가 심각하다.

재활용 버리는 물건을 다른 용도로 사용하거나 다시 가공하여 씀
예) 자원의 재활용은 중요합니다.

무단투기 허락이 없이 마음대로 버리는 일
예) 쓰레기를 무단으로 투기하면 안 된다.

과태료 마땅히 해야 하는 의무를 이행하지 않아서 내는 벌금
예) 주차위반을 해서 과태료를 내야 해요.

부과 세금이나 부담금 등을 부담하게 하는 일 예) 너무 많은 세금이 부과되었다.

참고) 쓰레기 종량제 : 쓰레기 배출량에 따라 수수료가 부과되는 제도로 1995년부터 전국적으로 실시되었으며 지정된 규격의 쓰레기봉투를 판매하고, 그 봉투에만 쓰레기를 담아 버리도록 하는 방식이다. 재활용이 가능한 쓰레기는 규격 봉투에 담지 않아도 되기 때문에, 쓰레기의 양도 줄이고, 재활용률을 높이는 효과가 있다.

  ④

 안내문의 내용과 같지 않은 것은 ④이다. 안내문과 같은 내용이 되기 위해서는 '아무 때나 버릴 시엔 100만 원 이하의 벌금을 내야 합니다'가 되어야 한다.

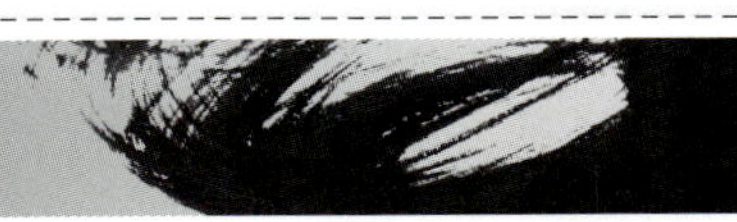

2
13회 38번

교환 · 환불에 대한 안내문

기간	구입 후 일주일 이내 (영수증 지참 시 가능)
해당 제품	· 디자인에 문제가 있는 경우 · 색상에 문제가 있는 경우 · 사이즈가 맞지 않는 경우
장소 및 시간	전국 전 매장 (각 매장 영업 시간 참조)

당사 제품의 교환 및 환불을 원하시는 손님 여러분께 안내 말씀을 드리겠습니다. ① 교환 및 환불을 원하시는 분은 일주일 이전에 연락을 하시고 ② 가능하면 영수증을 가지고 오십시오. ③ 제품의 디자인뿐 아니라 색상 및 사이즈에 문제가 있는 경우에도 교환을 해 드리며, ④ 매장 영업시간 외에도 전국 모든 매장에서 교환 및 환불을 하실 수가 있습니다. 감사합니다.

 ❸

 위의 안내문과 같은 내용의 보기는 ③이다. 안내문에는 '디자인, 색상, 사이즈에 문제가 있는 경우'에 교환, 환불이 가능한 제품으로 제시되어 있다.
안내문의 '영수증 지참 시 가능'하다는 말은 '영수증을 가지고 매장에 방문해야 한다'는 말이므로 ①은 답이 될 수 없다.
②의 '가능하면 영수증을 가지고 오십시오'는 '영수증을 가져 오면 좋고, 안 가져와도 가능하다'는 뜻이지만, 안내문의 '영수증 지참 시 가능'은 '영수증을 꼭 지참해야만 가능하다'는 의미이므로 답이 될 수 없다.
④는 '매장 영업시간 외에도 전국 모든 매장에서 교환 및 환불이 가능하다'는 뜻이지만, 안내문의 '각 매장 영업시간 참조'는 '각 매장 영업시간에만 교환 및 환불이 가능하니 참조하라'는 의미이다.

2

9월 22일(화) 서울 차 없는 날

-시간: 오전 4시~오후 6시
-지역: 종로 세종사거리~흥인지문 / 강남 테헤란로 역삼역~삼성역
-버스만 운행 가능
-첫차 ~ 오후 9시까지 대중교통 무료
-서울버스(시내, 마을, 광역), 지하철(수도권 전철 포함) 무료

승용차는 두고 나오세요! ① 9월 22일은 차 없는 날입니다. ② 시행 지역은 종로와 강남이며 오전 4시부터 오후 6시까지 버스만 운행합니다.
③ 첫차부터 오후 9시까지 버스와 지하철 등 대중교통을 무료로 이용할 수 있으며, ④ 수도권 전철을 제외한 모든 교통수단이 무료입니다.

 새 어휘

탑승 배나 비행기, 자동차 등에 올라타는 일
    예) 곧 출발하오니 지금 탑승해 주시기 바랍니다.

 ④

 안내문의 내용과 같지 않은 것은 ④이다. '제외'는 '어떤 사물이나 현상 가운데 함께 들어 있거나 함께 넣음'을 뜻하는 '포함'과 반대되는 말이다. 안내문에서는 '수도권 전철 포함'이라고 하였으므로 ④가 안내문과 다른 내용이다.

1~2 다음 안내문의 내용과 <u>같은 것</u>을 고르십시오.

1
14회 38번

도서관 이용 시 주의 사항

▶ 출입 시 도서관 이용증 제시
▶ 개인 물품 소지 불가 (노트북, 필기구 제외)
▶ 각층 열람실에서 자료 복사 가능 (5층 자료는 복사 불가)
▶ 평일 야간 1층 정보실에서 자료 열람 가능 (홈페이지에 당일 오후 5시까지 예약)

도서관 이용 시 주의 사항에 대해서 말씀 드리겠습니다. 우선 ① 도서관에 들어갈 때는 이용증을 맡기도록 하십시오. ② 도서관 안에는 노트북과 필기구는 물론 개인 물건을 가지고 들어갈 수 없습니다. ③ 자료 복사는 5층 자료를 제외하고는 모두 가능합니다. ④ 평일 야간에는 하루 전에 예약할 때에만 1층 정보실에서 자료를 볼 수 있습니다.

정답 ❸

풀이 위의 안내문 '도서관 이용 시 주의 사항'의 내용과 같은 것은 보기 ③이다. ③의 '자료 복사는 5층 자료를 제외하고는 모두 가능합니다'는 안내문의 '각층 열람실에서 자료 복사 가능(5층 자료는 복사 불가)'와 의미가 같다.
①의 '도서관에 들어갈 때는 이용증을 맡기도록 하십시오'는 안내문의 '출입 시 도서관 이용증 제시'와 의미가 다르다. '제시'는 '맡긴다'는 뜻이 아니라 '보여준다'의 의미이므로 안내문과 같은 의미를 나타내려면 '도서관에 들어갈 때는 이용증을 보여주십시오'라고 표현해야 한다.
②의 '도서관 안에는 노트북과 필기구는 물론 개인 물건을 가지고 들어갈 수 없습니다'도 안내문에서는 '도서관 안에는 노트북과 필기구만 가져갈 수 있고 개인 물건은 가지고 들어갈 수 없다'라는 의미이므로 다르다.
④도 안내문의 '평일 야간 1층 정보실에서 자료 열람 가능(홈페이지에 당일 오후 5시까지 예약)'에서 '당일'은 하루 전날이 아니라 '바로 그 날'을 나타내므로 의미가 다르다.

1~2 다음 안내문의 내용과 <u>같은 것</u>을 고르십시오.

1

단수 안내

- 지역: 행복동 하늘아파트 102동~104동
- 일시: 9월 12일 09시~14시(5시간)
- 사유: 아파트 옥상 물탱크 청소 및 소독
- 유의사항: 물탱크 청소를 하는 동안 옥상 출입을 통제하오니 양해하여 주시기 바랍니다.

행복동 하늘아파트 주민 여러분께 알려드립니다. ① <u>주민 여러분의 쾌적한 생활을 위해 102동~104동 아파트 물청소를 실시합니다.</u> ② <u>이번 청소 및 소독은 9월 12일 14시부터 실시될 예정이며</u> ③ <u>이로 인해 5시간 동안 물이 나오지 않습니다.</u> ④ <u>청소가 끝난 후에는 옥상 출입을 통제하오니 불편하시더라도 양해 부탁드립니다.</u>

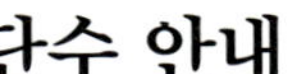

새 어휘

단수 수돗물 공급이 끊어지거나 공급을 끊음
예) 단수에 대비하여 물을 받아 놓았다.

사유 일이 생기게 된 원인이나 조건
예) 회사를 그만두게 된 사유를 묻다.

물탱크 물을 담아 넣어 두는 큰 통
예) 가뭄을 대비하여 그는 물탱크에 물을 가득 채웠다.

유의 마음에 새겨 두어 조심하며 관심을 가짐
예) 물건 운반 시 유의할 사항을 알려 드리겠습니다.

쾌적하다 기분이 상쾌하고 즐겁다
예) 쾌적한 공기를 마시니 피로가 풀리는 것 같다.

  ❸

정답의 내용과 같은 것은 보기 ❸이다. ❸의 '이로 인해 5시간 동안 물이 나오지 않는다'는 내용은 안내문의 '일시: 9월 12일 09시~14시(5시간)'을 통해 알 수 있다.
① 안내문의 단수 사유는 '아파트 옥상 물탱크 청소 및 소독'이므로 '아파트 물청소'와는 관련이 없다.
② 안내문에는 9월 12일 09시부터 14시까지 실시 예정이라고 나와 있다.
④ 안내문에서는 '청소가 끝난 후'가 아니라 '청소를 하는 동안' 출입을 통제한다고 나와 있다.

2
15회 38번

(주) 한국 생명–신입 사원 채용 안내

- ▶ 채용 분야: 영업직, 관리직
- ▶ 지원 자격: 대학 졸업 이상
- ▶ 선발 방법
  - -1차: 서류 심사
  - -2차: 면접(서류 심사 합격자 대상)
- ▶ 제출 서류: 입사지원서, 자기소개서, 최종 학교 졸업 · 성적증명서
- ▶ 지원 방법: 본사 홈페이지(http://kice.co.kr)에서 지원
- ▶ 지원 기간: 연중 채용

'한국 생명'에서는 영업직 및 관리직에서 일할 신입 사원을 모집하고 있습니다. ① 대학을 졸업했거나 졸업 예정인 사람은 누구나 지원할 수 있습니다. ② 선발은 서류 심사와 2회의 면접을 통해 이루어집니다. ③ 지원하고자 하는 사람은 제시된 서류를 본사에 방문하여 제출하면 됩니다. ④ 기간에 관계없이 지원이 가능합니다. 많은 지원 바랍니다.

 ❹

 위의 안내문과 같은 뜻을 나타내는 보기는 ④이다. '연중 채용'이라는 표현은 '한 해 동안 내내 채용을 한다'는 뜻으로 ④ '기간에 관계없이 지원이 가능합니다'와 같은 의미이다.
① 안내문에 '지원 자격: 대학 졸업 이상'이라고 제시되어 있고, '졸업 예정인 사람'에 대한 말은 없다.
② 안내문에는 '1차: 서류 심사'와 '2차: 면접'이라고만 나와 있으므로, 답이 되기 위해서는 '선발은 서류 심사와 면접을 통해 이루어집니다'가 되어야 한다.
③ 안내문에는 본사 홈페이지에서 지원하라는 안내가 나와 있다.

실전문제

2

⟨가을 음악 축제⟩

▶ 행사내용: 인기가수 이선아의 축하공연, 신인 가수들의 가을 음악 공연
▶ 행사장소: 시청 앞 광장
▶ 행사일시: 9월 13일 일요일, 18:00~21:00
▶ 입 장 료: 10,000원(1인)
▶ 문 의 처: '가을 음악 축제' 행사 본부 ☎ 02) 000-0000
※당일 행사장 주변 교통 체증이 예상되오니, 대중교통을 이용해 주시기 바랍니다.

시청 앞 광장에서 가을맞이 음악 축제가 열립니다. ① 월요일 저녁 6시부터 3시간 동안 열리는 이번 축제에서는 ② 인기가수 이선아와 신인 가수들의 아름다운 무대를 만나보실 수 있습니다. ③ 동반 1인을 포함한 1만원의 입장료로 분위기 있는 음악과 함께 가을을 느껴보세요. ④ 당일 행사장 주변 교통을 통제하오니, 대중교통을 이용해 주시기 바랍니다. 기타 문의 사항이 있으시면 '가을 음악 축제' 행사 본부로 연락 주십시오.

새 어휘

광장 많은 사람이 모일 수 있게 거리에 만들어 놓은, 넓은 빈 공간
예) 수많은 사람들이 광장에 몰려들었다.

본부 각종 기관, 단체의 중심이 되는 조직. 또는 그 조직이 있는 곳
예) 마라톤 대회 행사 본부로부터 전화가 걸려왔다.

동반 일을 하거나 길을 가는 등의 행동을 할 때 함께 짝을 함. 또는 그 짝
예) 이번 휴가에 가족 동반으로 여행을 갈 것이다.

통제 일정한 목적에 따라 행위를 제한함
예) 출입을 통제하다.

 ❷

 안내문의 내용과 같은 것은 ②이다.
① 안내문에서는 '월요일'이 아니라 '일요일'에 축제가 열릴 예정이라고 나와 있다.
③ 안내문에는 '동반 1인'에 대한 말은 없고 '1인'이라고만 나와 있다.
④ 안내문에서 대중교통을 이용하라고 한 이유는 '행사장 주변 교통을 통제하기 때문'이 아니라 '교통 체증이 예상되어서' 라고 나와 있다.

공란을 문맥에 맞게 완성
하는 방식의 문제

글 완성하기 I (객관식)

풀이전략

글의 전체 흐름을 파악하고 문장의 앞뒤 관계를 이해해야 한다. 문장과 문장을 연결해주는 연결표지의 의미를 파악하면 글의 흐름을 쉽게 파악할 수 있다. 이해한 내용을 바탕으로 알맞은 보기를 고른 후 연결이 자연스러운지 확인한다.

1~2 ( )에 가장 알맞은 표현을 고르십시오.

1
11회 39번

> ( ) 낮잠을 피하는 사람들이 있다. 그러나 낮잠을 자는 것은 밤의 숙면을 방해하지 않을 뿐 아니라 오히려 밤에 더 깊은 잠을 잘 수 있게 한다. 또한 낮잠을 자고 나면 기억력이 좋아지는 것은 물론 집중력도 높아진다고 한다. 그러므로 낮에 졸음이 온다면 애써 참는 것보다는 잠깐이라도 눈을 붙이는 것이 낫다.

① 밤에 깊이 잠들더라도
② 밤에 깊이 잠들기보다는
③ 밤에 잠을 못 자게 될 정도로
④ 밤에 잠을 못 자게 될까 봐

 ④

 위 지문은 '적당한 낮잠은 밤에 숙면하도록 도울 뿐 아니라 두뇌활동에도 도움이 된다'는 내용이다. 문맥상 ( ) 안에는 낮잠을 피하는 이유가 들어가야 하는데, 지문의 두 번째 문장에서 '그러나'라는 접속사가 앞의 문장과 뒤의 문장이 반대되는 내용임을 알려주므로 ④가 답이 된다. 또한 '-을까 보다'는 '어떤 사실이나 상황으로 미루어 그런 것 같다'고 추측하는 의미를 나타내므로 문맥상 알맞다.
①의 '-더라도'는 부정적이거나 극단적인 상황 혹은 뒤의 내용을 보장하기 어려운 경우를 가정할 때 쓰는 표현으로 앞에는 단순히 가정한 내용이 오기도 하고 현재 상황을 인정하는 내용이 오기도 한다. 그러므로 추측하는 의미가 되어야 할 답으로는 적절하지 않다.

1~2 ( )에 가장 알맞은 표현을 고르십시오.

1

> 고층 빌딩의 옥상이 공원으로 변신하고 있다. 도시의 회색 콘크리트 건물에 푸르른 나무가 자라는 휴식공간을 갖추고 시민들의 메마른 일상에 즐거움을 주고 있는 것이다. 이러한 빌딩 옥상의 공원 만들기는 ( ) 햇볕에 쉽게 뜨거워지는 콘크리트에 흙을 깔게 되면 열을 차단하는 효과도 있어 여러 가지로 좋은 점을 가지고 있다.

① 보기에 좋을지 모르지만
② 보기에 좋을 뿐만 아니라
③ 보기에 좋을 수가 있어서
④ 보기에 좋은 것은 아니지만

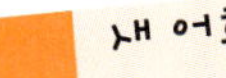

새 어휘

옥상 지붕의 위. 건물의 가장 위쪽
    예) 옥상에 올라가서 내려다보면 서울 시내가 잘 보여요.

차단 다른 것과의 접촉이나 관계를 막거나 끊음
    예) 자외선 차단 크림

  ❷

 위 지문은 '고층 빌딩의 옥상을 나무가 있는 휴식공간으로 가꾸어 여러 가지로 좋은 효과를 보고 있다'는 내용이다. 지문의 마지막 문장에서 '여러 가지 좋은 점' 이라고 했으므로 ( )안에는 '열을 차단하는 효과' 외에 또 다른 좋은 점이 들어가야 한다. ②의 '-뿐만 아니라'는 앞에 것 말고도 다른 것이 더 있음'을 나타내므로 빈칸에 알맞은 표현이다.

2
13회 40번

> 우리는 국가 간의 경계를 더 이상 고집할 수 없는 시대에 살고 있다. 세계의 모든 나라들은 (　　　　　　). 유럽의 국가들이 '유로(EURO)'로 뭉친 것이나, 태평양 근처에 위치한 국가들이 '아시아. 태평양 경제 협력체(APEC)'를 만든 것은 이러한 상황을 반영한 것이다. 이렇듯 전 세계는 공동체적인 삶을 지향하며 살고 있다.

① 싫든 좋든 더불어 살아야 한다
② 싫든 좋든 더불어 살라고 한다
③ 싫으면 싫을수록 더불어 살려고 한다
④ 싫으면 싫을수록 더불어 살고자 한다

정답　❶

풀이　위 지문은 '전 세계적으로 국가 간의 경계가 없어지고 있다'는 내용이다. 첫 문장의 '~더 이상 고집할 수 없는 시대에 살고 있다'는 표현이 사용된 것은 선택할 수 있는 기회도 없이 그렇게 될 것임을 의미한다. 그러므로 (　) 안에는 ① '싫든 좋든 더불어 살아야 한다'는 표현이 가장 어울린다. '-든(-든지)'은 '실제로 일어날 수 있는 여러 가지 중에서 어느 것이 일어나도 아무런 상관이 없음'을 뜻하는 표현이다. 즉, (　) 안에는 싫어하거나 좋아하는 것과는 상관없이 함께 살아야 한다는 내용이 들어가야 한다.

2

운동도 배달하는 시대가 온다? 전문적인 트레이너가 집으로 찾아가 운동을 가르쳐 주는 홈 트레이닝이 인기를 끌고 있다. 이런 방식은 유명 연예인이나 부유층에만 있는 일이 아니다. (   ) 일이 많아 퇴근 시간이 불규칙한 사람이나 임산부와 노약자, 또는 아이가 어려 밖에 나가 운동할 시간이 없는 주부들이 집에서 편하고 자유롭게 전문가의 조언을 받으면서 운동을 할 수 있어 점점 이용하는 사람들이 늘고 있다.

① 운동의 필요성은 느끼지만
② 운동의 필요성이 없더라도
③ 운동할 필요가 없는 사람도
④ 운동할 필요를 느끼지 못하지만

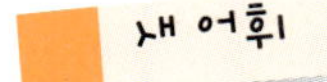

새 어휘

부유층   재산이 많아서 물질적으로 풍요롭게 사는 사람, 또는 그런 계층
     예) 호화로운 생활을 즐기는 부유층

 **①**

 위 지문은 '전문 트레이너와 함께 집에서 운동을 하는 홈 트레이닝'에 대한 내용이다. 내용상 (   ) 안에는 '운동의 필요성을 느낀다'를 의미하는 표현과, 서로 일치하지 않는 두 문장을 이어줄 때 쓰는 표현인 '하지만'과 같은 접속사가 들어가야 하므로 ①이 답으로 알맞다.
②,③,④는 모두 '운동의 필요성을 느끼지 못한다'는 내용이므로 답이 될 수 없다.

1~2 ( )에 가장 알맞은 표현을 고르십시오.

1
15회 40번

동물들은 거울에 비친 자신의 모습을 다른 동물로 여긴다. 고양이는 거울 속 자신과 싸움을 벌이려 하고 개는 친구가 되고 싶어 한다. 그런데 최근 한 실험에서 코끼리는 이와 다른 반응을 보이는 것으로 밝혀졌다. 코끼리들은 ( ) 행동을 하는 대신 마치 사람처럼 거울에 비친 자신의 모습을 가만히 바라보고 있었다는 것이다.

① 적이나 동료와 마주 봐야 하는
② 적이나 동료와 마주 보는 듯한
③ 적이나 동료와 마주 볼지 모르는
④ 적이나 동료와 마주 보지 않아도 되는

 ②

 위 지문은 '동물들은 거울에 비친 자신의 모습을 적이나 동료로 생각하고 마주보는 것처럼 행동을 하는데 코끼리들은 이와 달리 사람처럼 거울에 비친 모습이 자신인 것을 안다'는 내용이다. 그러므로 일반적인 동물들의 행동과 반대되는 내용인 ② '적이나 동료와 마주 보는 듯한'이라는 표현이 문맥상 알맞다. 마지막 문장의 '대신'은 '앞말이 나타내는 행동이나 상태와 다르거나 그와 반대임을 나타내는 말'이므로 단서가 될 수 있다.
①,③,④는 '대신' 뒤의 내용과 반대되는 내용이 아니므로 문맥상 맞지 않다.

실전문제 2회

1~2 ( )에 가장 알맞은 표현을 고르십시오.

1

> 오른손을 많이 쓰면 오른손잡이, 왼손을 많이 쓰면 왼손잡이라고 하는데, 세상에는 오른손잡이가 훨씬 더 많기 때문에 많은 물건들이 오른손잡이의 편의에 맞추어 만들어졌다. 예를 들어 가위도 (   ) 왼손으로 사용하기에 아주 불편하다. 예쁜 그림이 그려진 컵도 오른손잡이가 잡았을 때, 그림이 바깥쪽으로 보이도록 되어 있는 경우가 많다고 한다.

① 오른손잡이보다 왼손잡이가 많은 데도

② 오른손잡이를 기준으로 만들어졌는데도

③ 오른손잡이보다 왼손잡이가 많기 때문에

④ 오른손잡이를 기준으로 만들어졌기 때문에

 **④**

 위 지문은 '왼손잡이보다 오른손잡이가 많아서 많은 물건들이 오른손잡이에게 편리하게 만들어졌기 때문에 왼손잡이가 사용하기에 불편하다'는 내용이다. ( ) 안에는 문맥상 가위를 왼손으로 사용하기에 불편한 이유가 와야 하고, '-기 때문'이 이유나 원인을 나타내는 표현이므로 ④가 답으로 적절하다.

①과 ③의 내용은 왼손으로 사용하기에 불편한 직접적인 이유가 아니다.

②의 '-는데도'는 '앞의 상황에 상관없이 뒤의 상황이 일어남'을 표현하는 말이다. ( ) 안의 내용은 뒤의 내용과 원인과 결과 관계이므로 ②는 답이 될 수 없다.

2
14회 39번

> 요즘 광고는 재미있다. 그래서 사람들은 광고에서 나오는 말과 노래를 유행처럼 따라 한다. 광고의 가장 큰 목적은 상품을 잘 알려서 많이 팔릴 수 있게 하는 것이다. 내용이 재미있는 광고는 사람들의 기억에 오래 남아서 판매량을 늘이는 데 효과가 크다고 한다. (   )는 말까지 생겨날 정도이다.

① 광고가 재미있어야 상품도 잘 팔린다
② 광고가 재미있는데도 상품도 잘 팔린다
③ 광고보다는 판매량에 관심을 두어야 한다
④ 광고와 상품의 판매량과는 별다른 관계가 없다

  ①

 위 지문은 '내용이 재미있는 광고가 사람들의 기억에 오래 남기 때문에 상품 판매량을 늘이는데 효과적이다'라는 내용이다. 지문의 마지막 문장은 광고의 재미와 상품 판매량이 서로 관계가 있다는 것을 강조하고 있는 것이다. 그러므로 ① '광고가 재미있어야 상품도 잘 팔린다'는 표현이 내용상 가장 적절하다.
②의 '-는데도'는 앞의 상황에 상관없이 뒤의 동작이나 상황이 일어남을 나타내는 표현이다. 지문은 광고가 재미있는 것과 판매량은 상관관계가 있다는 내용이므로 답이 될 수 없다.
③ '광고보다는 판매량에 관심을 두어야 한다'는 광고의 재미와 판매량의 상관관계를 나타내는 표현이 아니고, ④는 광고와 상품 판매량과는 상관관계가 없다는 내용이므로 문맥과 어울리지 않는다.

2

> 남에게 잘못을 지적당하는 것은 부끄러운 일이 아니다. 그런데 우리는 잘못이 드러난 사실에 대해서만 부끄러워하거나 또는 기분 나빠한다. 그러나 지적을 받고도 잘못된 점을 고치지 않는 것이 더욱 부끄러운 일이다. 지적을 당했을 때 부끄러워하는 대신에 (   ) 다시는 같은 잘못을 반복하는 일이 없을 것이다.

① 충분히 반성하고 고쳐나가듯이
② 충분히 반성하고 고쳐나간다면
③ 충분히 반성하고 고쳐나가느라고
④ 충분히 반성하고 고쳐나가고 보니

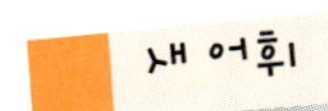
새 어휘

반성하다　자신의 말이나 행동에 대하여 잘못이나 부족함이 없는지 지난 일을 다시 생각해 보다
　　　　　　예) 과거의 잘못을 깊이 반성하다.

　❷

　위 지문은 '남에게 잘못을 지적당했을 때 부끄러워하거나 기분 나빠하지 말고 고치려고 노력하면 잘못된 행동을 반복하지 않을 것이다'라는 내용이다.
②의 '-다면'은 어떤 상황을 가정하여 뒤 문장의 조건을 나타내는 표현이다. '잘못을 반복하지 않기 위한 조건은 반성하고 고쳐나가는 것'이라는 내용이 되므로 답으로 적절하다.
①의 '-듯이'는 뒤 내용이 앞 내용과 거의 같음을 나타내는 말이므로 답이 될 수 없다.
③의 '-느라고'는 이유나 원인 또는 목적을 나타내는 말로 역시 답이 될 수 없다.
④의 '-고 보니'는 어떤 일이 일어나기 전에는 몰랐는데 일어나고 난 이후 그 결과를 받아들이거나 깨닫게 됨을 나타내는 말로, 조건을 나타내야 하는 (   )의 문맥과는 어울리지 않는다.

제시어 이용해 문장 쓰기 (완성형 주관식)

풀이전략

우선 제시 문장의 의미를 잘 파악하고, 각 문장 간의 관계를 파악하여 적절한 문법을 사용한다. 각 문장은 시제 표현 없이 기본형으로 제시되므로 시제 사용 또한 주의해야 한다. 주관식 문제이기 때문에 정답이 여러 개일 수 있으므로, 가장 적절한 문법을 사용하는 것이 좋다.

1~2 제시된 표현을 사용해 문장을 만드십시오.

1
10회 41번

> 공부를 계속하다 / 취직을 하다 / 고민이다

MEMO

 정답

6점: 공부를 계속할까 취직을 할까 고민이에요.
공부를 계속할지 취직을 할지 고민이에요.
공부를 계속해야 할지 취직을 해야 할지 고민이에요.
공부를 계속하는 게 좋은지 취직을 하는 게 좋은지 고민이에요.

4점: 공부를 계속하면서/공부를 계속하다가
공부를 계속할 것인지 취직을 할 것인지가 고민이에요.

2점: 공부를 계속한 후에/공부를 계속하고 나서 취직을 하면 좋은가 고민이에요.
공부를 계속 하는 것과 취직을 하는 것이 고민이에요.

 풀이

'공부를 계속하는 것'과 '취직을 하는 것'의 두 가지 상황을 놓고 어떻게 할 것인가 결정을 하지 못하고 '고민'한다는 내용의 문장을 만들어야 한다. 앞으로 일에 대한 계획이나 추측을 나타내는 표현인 '-(으)ㄹ까' 또는 '-(으)ㄹ지'를 사용하는 것이 좋다.

1~2 제시된 표현을 사용해 문장을 만드십시오.

1

> 배가 고프다 / 빨리 밥을 먹다 / 소화가 안 되다

MEMO

배가 고파서 빨리 밥을 먹었는데(먹었더니) 소화가 안 됩니다.
배가 고프길래(기에) 빨리 밥을 먹었더니 소화가 안 됩니다.
배가 고파서 빨리 밥을 먹은 것이 소화가 안 됩니다.

이 문제는 첫 문장이 두 번째 문장의 원인이 되고, 다시 두 번째 문장이 세 번째 문장의 원인이 되고 있으므로 원인이나 이유를 나타내는 연결표현이 필요하다. 따라서 앞의 두 문장은 '-아/어서'나 '-기에'로 연결하고, 마지막 문장은 '과거의 경험이나 사건이 원인이 되어 계속적으로 이어지는 뒤 문장의 결과가 됨'을 표현하는 '-았/었더니'로 연결해 준다. 앞뒤의 내용을 연결하여 상황을 설명할 때 쓰는 '-는데'를 써도 된다.

2
14회 **41**번

> 너무 피곤하다 / 집에 들어가다 / 잠이 들다

MEMO

6점: 너무 피곤해서 집에 들어가자마자 잠이 들었다.
(앞: -아서 / 뒤: -자마자)

5점: 너무 피곤해서/피곤하니까 집에 들어가서 잠이 들었다.
나는 너무 피곤하면/피곤할 때 집에 들어가서 잠이 들었다.
(앞: -아서, 으니까 / 뒤: -아서)

3점: 너무 피곤한데/피곤하면 집에 들어가서 잠이 들었다.
← 두 연결 어미 중에 한 개만 맞았을 때

첫 문장의 '너무 피곤하다'로 보아, '집에 들어가다'와 '잠이 들다'는 '어떤 행위에 곧바로 이어서 다른 행위가 일어남'의 뜻을 나타내는 '-자 마자'나 '-는 대로'와 같은 표현으로 연결되어야 한다. 그리고 '너무 피곤하다'는 '조건, 이유'의 의미를 나타내는 '-아서/어서'와 같은 표현으로 연결해 준다.

2

> 한 시간이 넘다 / 친구가 오지 않다 / 집으로 돌아가다

MEMO

한 시간이 넘도록(넘었는데, 넘을 때까지) 친구가 오지 않아서 집으로 돌아갔다.
한 시간이 넘었지만 친구가 오지 않는 바람에(않았기 때문에) 집으로 돌아갔다.

'한 시간이 넘다'와 '친구가 오지 않다'를 연결하려면 '앞의 행동이 어떤 지점에 이를 수 있게 하다'
를 표현하는 '–도록'이나 앞뒤의 내용을 연결하여 상황을 설명할 때 쓰는 '–았/었는데'를 사용한다.
'한 시간'이라는 시간을 기다려도 친구가 오지 않은 것이므로 앞과 뒤의 내용이 대조되거나 대립되
는 표현인 '–지만'을 쓸 수도 있다. 마지막 문장은 '친구가 오지 않다'가 원인이나 이유가 되어 '집
으로 돌아가다'가 되었으므로 '–는 바람에'나 '–기 때문에'로 연결한다.

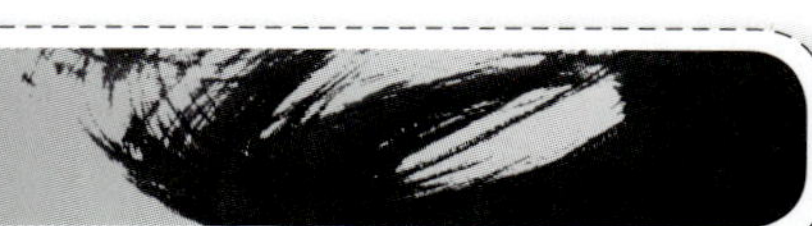

1~2 제시된 표현을 순서대로 <u>모두</u> 사용해 한 문장으로 쓰십시오.

1
15회 41번

> 동생이 떠나다 / 한참이 지나다 / 연락이 없다

MEMO

6점: 동생이 떠난 지 한참이 지났는데(도)/지나도/지났지만

5점: 동생이 떠난 후/떠나고(도) 한참이 지났는데 연락이 없었다.
동생이 떠난 지 한참이 지나자/지나니까 연락이 없었다.

4점: 동생이 떠나서 한참이 지나도 연락이 없었다.
동생이 떠난 지 한참이 지나서 연락이 없었다.

3점: 동생이 떠난 후/떠나고 한참이 지나서 연락이 없었다.

동생이 떠난 후에 연락이 있을 줄 알고 기다리고 있는데 예상과는 반대로 연락이 없다는 내용이므로 동생이 떠나고 '한참'이라는 시간이 흐른 뒤에도 연락이 없다는 내용으로 문장이 이어져야 한다.
어떤 일이 있은 후 시간이 얼마나 지났는지를 나타낼 때 쓰는 '–(으)ㄴ 지'로 첫 문장과 두 번째 문장을 연결하고, 앞 상황과 상관없이 상황이 일어남을 나타내는 표현인 '–는데(도)', '–도', '–지만' 등과 같은 표현으로 세 번째 문장을 연결해 준다.
('–(으)ㄴ 지' 뒤 문장에는 반드시 시간과 관련한 '지나다, 되다, 흐르다' 등의 표현이 와야 한다.)

1~2 제시된 표현을 순서대로 <u>모두</u> 사용해 한 문장으로 쓰십시오.

1

> 감기에 걸리다 / 약을 먹고 쉬다 / 씻은 듯이 낫다

MEMO

정답
감기에 걸려서 약을 먹고 쉬었더니 씻은 듯이 나았다.
감기에 걸렸지만(걸렸는데) 약을 먹고 쉬었더니(쉬어서, 쉬니까) 씻은 듯이 나았다.

풀이
'감기에 걸리다'가 원인이 되어 '약을 먹고 쉬다'가 된 것이므로 '–아/어서'로 연결하거나 앞과 뒤의 내용이 대조 또는 대립되는 표현인 '–지만', '–았/었는데'를 쓸 수도 있다. '약을 먹고 쉬다'와 '씻은 듯이 낫다'에는 과거의 경험이나 사건이 원인이 되어 계속적으로 이어지는 뒤 문장의 결과가 되는 '–았/었더니'를 써야 한다.

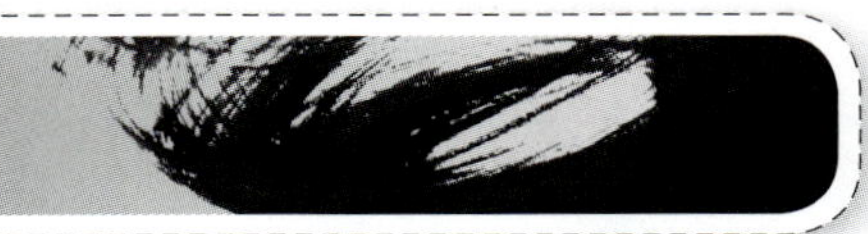

2
11회 42번

좀 더 일찍 일을 시작하다 / 빨리 끝내다 / 그렇게 하지 못하다

MEMO

6점: 좀 더 일찍 일을 시작했더라면 빨리 끝낼 수 있었을 텐데 그렇게 하지 못했다.
좀 더 일찍 일을 시작했으면 빨리 끝낼 수 있는데 그렇게 하지 못했다.
← 가정/조건, 후회 표현이 나타나고 문법 구성이 적절할 때

4점: 좀 더 일찍 일을 시작해서 빨리 끝내려고 했는데 그렇게 하지 못했어요.
좀 더 일찍 일을 시작하고 빨리 끝내려고 했는데 그렇게 하지 못했어요.
← 의미가 통하나 가정/조건, 후회 표현이 나타나지 않을 때

2점: (문법과 의미가 어색하지만 나름대로 한 문장으로 표현했을 때)

일을 끝내지 못한 것에 대한 반성과 후회를 나타내는 문장으로 '조금만 일찍 일을 시작했으면 빨리 끝냈을 텐데 결과는 그렇지 못하다'는 내용이다.
따라서 첫 문장과 두 번째 문장을 이어줄 때는 가정이나 조건을 나타내는 '–더라면', '–(으)면'과 같은 표현을 써야 하며 세 번째 문장과 이어줄 때는 앞의 상황으로 뒤의 결과가 되었다는 내용을 표현할 수 있는 '–(으)ㄹ 텐데'나 '–는데'를 사용한다.

실전문제

2

집으로 가다 / 두고 온 것이 생각나다 / 다시 되돌아오다

정답 집으로 가다가(가다보니, 갔는데) 두고 온 것이 생각나서(생각나기에, 생각나길래) 다시 되돌아왔다.

풀이 '집으로 가다'와 '두고 온 것이 생각나다'는 앞의 동작이나 상황이 다른 것으로 바뀌게 되는 표현으로 '-다가'를 써서 연결한다. 또한 앞과 뒤가 대립하게 되는 '-는데'를 써도 된다. 여기에 '생각나다'가 원인이나 이유가 되어 '다시 되돌아오다'는 결과를 가져왔으므로 '-아/어서', '-기에', '-는 바람에' 또는 '-기 때문에'를 써서 연결한다.

글 완성하기 Ⅱ
(완성형 주관식)

공란을 문맥에 맞게 완성
하는 방식의 문제

풀이전략

글의 전체 흐름을 파악하고 문장과 문장을 연결해주는 표현이나 앞, 뒤 문장의 관계를 이해해야 한다. 항상 지문 안에 답이 될 표현이 있으므로, 지문의 어휘나 표현을 활용하여 문법에 맞게 답을 구성한다.

1~3 다음 글을 읽고 ( )에 알맞은 말을 쓰십시오.

1
14회 45번

어느 심리학자의 말에 따르면 자신이 행복하다고 생각하는 사람은 다른 사람과 자신을 비교하지 않는다고 한다. 그런데 어떤 사람은 끊임없이 자신을 다른 사람과 비교해 가면서 산다. 이런 사람은 처음엔 겉으로 보이는 단순한 면만을 비교하면서 자신이 다른 사람보다 낫다고 여겨 우월감을 가진다. 그러나 자기 자신을 (   ) 점점 더 자신의 장점보다는 단점이 눈에 들어오게 되어 결국은 자신을 다른 사람만 못하다고 여기게 된다.

6점: 다른 사람과 비교하면 할수록

4점: 계속 비교하다가 보면/객관적으로 보면/평가하다 보면

3점: 생각하면

자기 자신을 다른 사람과 비교하는 사람은 결국 자기 스스로를 다른 사람보다 못하다고 여기게 된다는 내용이다. 그러므로 ( ) 안에는 '(자기 자신을) 자주 다른 사람과 비교하게 되면'과 같은 내용이 들어가야 한다. '어떠한 행위가 반복되고 자주 발생할수록'의 뜻을 나타내는 표현으로는 '–(으)면 –(으)ㄹ수록'이 있다. ( ) 뒤의 '점점'은 조금씩 더하거나 덜한 모양을 뜻하는 부사로 힌트가 될 수 있다.

1~3 다음 글을 읽고 ( )에 알맞은 말을 쓰십시오.

1

영화 〈편지〉에서 비디오로 남긴 남자 주인공의 마지막 유언을 보면서 눈물 흘린 사람이 많을 것이다. 자신의 인생을 돌아보면서 잘못했던 일들을 다시 한 번 생각해 보고, 주위 사람들에게 감사의 말을 전하고 싶을 때 한 번쯤 유언장을 남겨보는 것도 좋은 체험이 될 수 있다. 정성껏 편지글로 남겨도 좋고 MP3나 비디오로 자신의 목소리나 모습을 담아 사랑하는 사람들에게 선물해도 좋다. 이처럼 자신의 과거를 되돌아보며 ( ) 시간을 갖는다면 현재를 좀 더 알차고 즐겁게 살 수 있지 않을까.

새 어휘

유언 죽을 때 남기는 말
예) 아버지의 유언에 따라 의사가 되기로 결심했다.

 **반성할(생각할) 수 있는**

 위 지문은 '유언장을 미리 써 보는 것을 통해 과거를 되돌아보고 반성하면 미래의 삶을 위해 현실을 더 알차게 살 수 있다'는 내용이다. 내용상 ( ) 안에는 '반성할 수 있는 시간'과 같은 표현이 들어가야 한다.

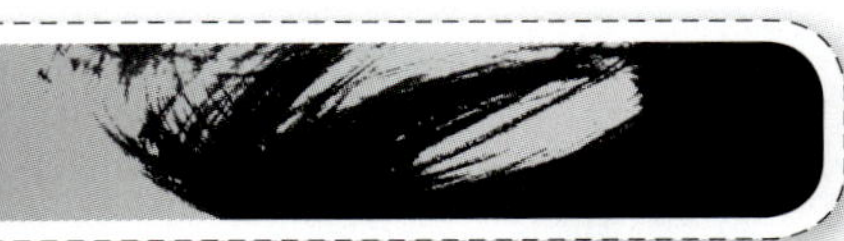

2
12회 43번

대형 할인점이나 백화점에서 물건을 살 때 물건을 담아 갈 가방을 가지고 가면 할인해 주는 제도가 있다. 이는 일회용 봉지 사용을 줄이기 위해 시작된 방법이다. 이 제도가 시작된 이후 (   ), 가방의 사용은 증가하였다. 이러한 생활 속의 작은 변화가 우리의 환경을 깨끗하게 만들어 줄 것이다.

정답

6점: 일회용 봉지의 사용은 감소한 반면
　　　일회용 봉지의 사용은 감소했으나

5점: 일회용 봉지의 사용은 감소했지만

3점: 일회용 봉지의 사용은 감소했고

풀이

지문은 '일회용 봉지 사용을 줄이기 위한 할인 제도의 효과로 일회용 봉지 사용이 줄고, 가방의 사용이 증가했다'는 내용이다. (   )에는 문맥상 제도 시행 결과를 뜻하는 내용이 와야 하므로, '일회용 봉지 사용이 감소했다'는 내용을 넣어주면 된다. 뒤이어 '가방의 사용은 증가했다'는 내용이 나오므로 서로 반대되는 내용을 연결해 주는 '-으나' 또는 '반면'을 사용하여 '일회용 봉지의 사용은 감소한 반면'과 같은 문장을 답안으로 구성할 수 있다.

2

서울의 한 백화점에서는 고객 감사 행사의 하나로 '사랑의 일일찻집'을 연다. 커피와 수정과 등의 음료를 판매하고 얻어지는 수익금 전액은 연말 이웃돕기 성금으로 쓰여진다. 또한 이날 참가자들을 대상으로 추첨을 통해 비빔밥과 과일, 전통음료 선물세트를 증정한다. 이번 행사는 올해를 시작으로 해서 매년 (   ).

MEMO

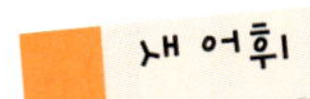

일일찻집　하루 동안만 차를 판매하는 집. 또는 그런 일
　　　　예) 학교에서 일일찻집 행사를 합니다.

추첨　제비를 뽑는 일 또는 제비뽑기라고 한다
　　　　예) 추첨으로 대표를 정하기로 해요.

열릴(개최될) 예정(계획)이다
열릴(개최될) 예정(계획)이라고 한다

위 지문은 서울의 한 백화점에서 주최하는 일일찻집 행사에 관한 내용이다. 마지막 문장은 '올해부터 매년 일일찻집 행사가 열릴 계획이다'는 내용이 들어가야 하므로 (   ) 안에는 '열릴(개최될) 계획(예정)이다' 등과 같은 내용이 들어가야 한다.

3
15회 43번

신발을 사는 데에도 알맞은 때가 있다. 누구나 한 번쯤 오후가 되면 신발이 작아진 듯한 느낌을 받은 적이 있을 것이다. 서 있거나 앉아 있는 시간이 길어지면 발이 붓기 때문이다. 따라서 (   ) 오전보다는 오후 시간을 이용하는 것이 좋다.

MEMO

 **6점**: 발에 맞는/알맞은 신발을 사려면/사기 위해선/사고 싶으면/사는 데(는)
발이 편(안)한 신발을 사려면

5점: 발에 맞는 신발을 사고 싶을 때/사려고 할 때

4점: 발에 맞는 신발을 살 때
신발을 사려면/사기 위해선/사고 싶으면/살 때는/사는 데는

3점: 신발을 사고 싶을 때/사려고 할 때

 '오후가 되면 발이 부어 신발이 작게 느껴지므로 발에 맞는 신발을 사기 위해서는 오후의 발 상태에 맞추어 사는 것이 좋다'는 내용의 지문이다. 문맥상 (   ) 안에는 뒤 문장 '오전보다는 오후 시간을 이용하는 것이 좋다'에 대한 조건을 나타내는 문장이 와야 한다. 조건이나 가정을 뜻하는 '–면'을 사용하여 '발에 맞는 신발을 사려면'과 같은 표현이 답이 될 수 있다.

실전문제

3 지구가 점점 따뜻해지면서 생태계에 폭넓은 변화가 예상되며 머지않아 북극도 과거의 일이 될 지도 모른다는 보고서가 발표되었다. 이에 따르면 지구 온난화로 인하여 기후가 변화하면서 북극 지역의 온도가 다른 지역보다 빠르게 (   ) 북극에 사는 많은 동물들과 주변 환경이 영향을 받고 있다고 한다.

MEMO

새 어휘

폭넓다 어떤 일의 범위나 영역이 크고 넓다
예) 폭넓은 활동

 **정답** 상승하고(오르고) 있기 때문에
상승하기(오르기) 때문에

 **풀이** 위 지문은 '지구 온난화로 인해 북극의 환경에 큰 변화가 예상 된다'는 내용이다. 지구의 온도가 상승하고 있는 '온난화 현상'에 대해 이야기하고 있으므로 (   ) 안에는 '상승하고 있다'는 내용이 들어가야 한다. (   ) 앞의 내용은 뒷부분의 원인이 되는 것이므로 '-기 때문에'로 연결한다.

1~3 다음 글을 읽고 ( )에 알맞은 말을 쓰십시오.

1
13회 43번

돈을 모으는 방법에는 두 가지가 있다. 지금보다 돈을 (　　　　　) 된다. 이 중에서 사람들은 주로 더 버는 쪽만 생각하고, 덜 쓰는 쪽은 생각하지 않는다. 하지만 돈을 버는 것만큼 돈을 아끼고 절약하는 것도 돈을 모으기 위한 중요한 방법이다.

6점: 더 벌거나 (또는/아니면) 덜 쓰면/덜 쓰거나 하면
더 벌든지 (또는/아니면) 덜 쓰든지 하면

3점: 더 벌기나 (또는/아니면) 덜 쓰기를 하면
더 벌기 또는/아니면 덜 쓰기를 하면

지문의 내용은 '돈을 모으기 위해서는 지금보다 더 벌거나 덜 쓰는 두 가지 방법이 있는데, 더 버는 것 못지않게 절약하는 것이 돈을 모으기 위한 중요한 방법이다'라는 내용이므로, (　　) 안에는 두 가지 방법이 모두 들어가야 한다. 이때, '둘 이상의 경우 중에 하나를 선택함'을 나타내는 표현인 '-거나', '-든지' 등의 어미를 사용하거나, '또는', '아니면'을 사용하여 문장을 완성한다.

1~3 다음 글을 읽고 ( )에 알맞은 말을 쓰십시오.

1

( )만으로도 질병을 예방할 수 있다. 각종 질병의 70%가 손을 통해서 감염되므로 손을 깨끗이 씻지 않으면 식중독, 배탈, 눈병, 감기 등에 걸릴 위험이 높다. 손을 씻을 때는 손바닥을 포함하여 손가락 사이와 손등, 손목까지 비누로 거품을 낸 후에 흐르는 물로 깨끗이 씻어주는 것이 좋다.

새 어휘

질병 몸의 여러 가지 병
예) 저는 커서 사람들의 질병을 치료하는 의사가 될 겁니다.

배탈 먹은 것이 체하거나 설사를 하는 배 속 병
예) 배탈이 나서 아무것도 먹을 수가 없다.

 **정답** 손을 잘(깨끗이) 씻는(닦는) 것

 **풀이** 위 지문은 '올바른 방법으로 손을 잘 씻는 것만으로도 질병을 예방할 수 있다'는 내용이다. 내용상 위 지문의 첫 문장은 글의 중심문장이므로 ( ) 안에는 '손을 잘 씻다'라는 내용이 들어가야 한다. 이때, ( )는 주어 자리이므로, '손을 잘 씻다'의 문장을 주어 형태로 만들어 주는 '-는 것'을 결합해 완성한다.

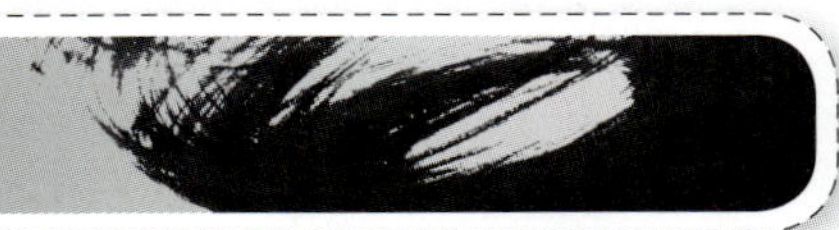

2 **14회 44번**

눈동자의 크기는 항상 (   ) 사실은 그렇지 않다. 우리가 어두운 곳에 있으면 더 많은 빛을 받기 위해 우리의 눈동자는 커진다. 반대로 밝은 곳에 가면 눈동자는 작아진다. 이처럼 눈동자의 크기는 주위의 밝기에 따라 달라지게 된다.

정답

6점: 같은 것처럼 보이지만/같아 보이지만/같아 보이는데/같다고 하는데

5점: 같은 것 같지만/동일하지만

4점: 눈동자의 크기는 항상 동일하다고 하는/같다는 사실은 그렇지 않다.

풀이

지문은 눈동자의 크기가 주위의 밝기에 따라 달라진다는 내용이다. 내용상 (   ) 안에는 '사실'과 반대되는 내용이 들어가야 한다. 즉 '눈동자의 크기가 변하지 않는다고 알고 있지만'을 나타내는 표현이 들어가야 한다. '같다, 일정하다, 고정되다, 변하지 않다'의 표현을 사용하고, 추정이나 짐작의 표현 '-는 것 같다, -아/어 보이다, -는 것처럼 보이다'를 사용해야 하며, '반대의 의미로 연결'하는 기능을 가진 표현인 '-지만'이나 '-(으)나', '-는데'를 써야 한다.

2

오래 전부터 동양에서는 모든 색깔에 각각의 기운이 있다고 보았다. 그래서 이것을 활용하면 우리의 일상생활에 도움이 된다고 생각했다. 예를 들면 파란색은 마음을 안정시켜 주는 색이라고 할 수 있다. 잠이 잘 (　　　　) 이불을 파란색으로 바꾸면 숙면을 취하는 데 효과적이라고 한다.

MEMO

새 어휘

안정감　육체적 또는 정신적으로 편안하고 고요한 느낌
예) 흰색과 하늘색 배경이 안정감을 느끼게 했다.

취하다　자기 것으로 만들어 가지다
예) 휴식을 취하다.

정답　오지 않을(안 올) 때(경우)

풀이　위 지문은 '동양에서는 각각의 색이 지닌 기운을 활용하면 일상생활에 도움이 된다고 본다'는 내용이다. 마지막 문장은 여러 가지 예 중 하나로, (　) 뒤에서 파란색을 이용하면 숙면에 도움이 된다고 했으므로 (　) 안에는 '(잠이) 오지 않는다'와 같은 내용이 들어가야 하고, 놓여 있는 상황이나 조건을 표현하기 위한 '-때', '경우' 등을 사용해 문장을 연결해 주어야 한다.

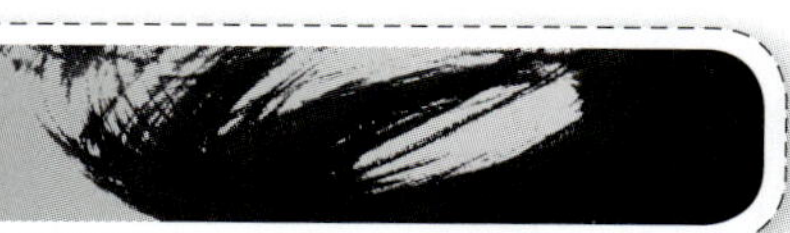

3
10회 43번

한 연구에 따르면 가족과 함께 살고 있는 노인이 그렇지 않은 노인보다 (　　　　　) 밝혀졌다. 가족과 함께 살게 되면 위급한 상황에 좀 더 빨리 대응할 수 있고 노인들이 외로움을 덜 느끼게 되어 정서적으로 안정된다. 그래서 가족들과 함께 사는 것이 노인들의 수명 연장에 도움이 된다는 것이다.

수명이 긴 것으로/수명이 길다는 것이
장수하는 것으로/장수한다는 것이
장수할 확률/가능성이 높은 것으로
장수할 확률/가능성이 높다는 것이
오래 사는 것으로/오래 사는 것이

'노인이 가족과 함께 살 경우 정서적으로 안정되어 수명 연장에 도움이 된다'는 내용이다. 그러므로 (　　) 안에는 '오래 산다'는 의미를 뜻하는 표현이 들어가야 한다. '오래 산다', '수명이 길다', '장수한다' 등의 표현을 사용하여 답을 구성할 수 있다.

실전문제

3

눈에 보이는 것보다 보이지 않는 것이 더 효과적일 때가 있다. 이러한 점을 이용하여 사람들의 호기심을 자극하는 광고 기법이 종종 활용되고 있다. 무엇을 광고하고 있는지 (　　　　　) 제품을 보여주지 않는 광고나 가수의 얼굴을 숨기는 마케팅 등이 그 예이다. 이러한 광고가 성공하기 위해서는 무엇보다 보안이 중요하다. 어떠한 제품인지를 마지막까지 공개하지 않음으로써 광고의 효과를 높일 수 있기 때문이다.

MEMO

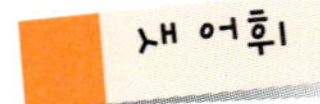

보안　안전을 유지함
　　　예) 중요한 정보이니 보안을 유지해 주세요.

 **알 수 없도록(없게)**

 위 지문은 '호기심을 자극하는 마케팅'에 관한 내용이다. 광고에서 제품을 보여주지 않는 것은 '무엇을 광고하고 있는지 알 수 없게 하기 위함'이므로 (　　) 안에는 '알 수 없게, 알 수 없도록' 등의 표현이 들어가야 한다. 이때 앞의 내용이 뒤에서 가리키는 상황의 목적이나 결과, 방식 등이 됨을 표현하는 '-도록', '-게'를 사용해 문장을 연결해 주어야 한다.

작문하기(작문형 주관식)

풀이전략

주로 제목이나 주제가 제시되고, 이와 관련된 세 가지 사항이 제시되는데, 이 세 가지를 모두 작문에 포함해야 한다. 의미의 표현과 전달이 중요한 평가 기준이 되므로 세심한 주의가 필요하다. 어휘, 문법, 띄어쓰기 등도 알맞게 사용할 줄 알아야 한다.

작문 문제는 쓰기 영역 중에 가장 높은 비율의 점수를 차지하는 문제이다. 짧은 시간 안에 글을 완성해야 하는 어려운 과제이므로, 단계적인 접근이 필요하다. 개인별로 차이가 있겠지만, 총 45분의 시간 중 작문문제를 풀 수 있는 시간은 15분~20분 정도이다. 주어진 시간이 짧다고 해서 아무런 준비 없이 무조건 글을 쓰기 시작하면 좋은 글을 쓸 수 없다. 쓰고자 하는 중요한 내용을 모두 포함하여 정해진 시간 내에 글을 완성하기 위해서는 아래 제시된 순서로 계획을 세우는 것이 좋다.

❶ 문제의 지시문을 꼼꼼하게 분석한다.

글쓰기를 시작하기 전에 우선 문제의 지시문을 꼼꼼하게 분석해야 한다. 작문 문제는 요구하는 것이 정해져 있으므로 지시 사항을 확인하는 것이 첫 단계이다. 글의 분량도 중급에서는 400~600자로 제한하므로 이 점을 기억해 두고 쓸 내용을 구상해야 할 것이다.

❷ 무슨 내용을 어떻게 쓸지 생각한다.

지시문 분석이 끝나면 무슨 내용을 어떻게 쓸 것인지에 대하여 약 1분 동안 생각을 정리한다. 문제에서 제시한 세 가지를 모두 포함하여, 관련된 내용으로 구상하되 큰 주제에서 벗어나지 않도록 주의해야 한다.

❸ 계획한 내용을 바탕으로 줄거리를 만든다.

주제에 맞추어 세 가지의 지시문이 균형 있게 나타날 수 있도록 약 2분 동안 글 전체의 개요를 구성한다. 이때 각 지시문에 대한 내용에 포함될 핵심 어휘나 짧은 문장을 메모해둔다. (답안 작성이 아니라 계획을 메모하는 것이므로, 원한다면 모국어를 활용하는 것도 좋다.)

❹ 시간에 맞추어 글을 완성한다.

문제에서 요구하는 글자 수를 넘지 않도록 하고 어휘와 문법, 맞춤법에 주의하면서 글을 써 나간다. 이때, 남은 시간을 잘 고려하여 글을 완성한다. 글을 모두 작성한 후에는 다시 한 번 읽어보고 틀린 곳이 없는지 점검한다.

주의할 점

① 평소 말하기에서 쓰는 구어체를 피하고 문어체 문장과 표현을 쓰도록 한다.

② 문장의 시작과 끝이 자연스럽게 연결되도록 쓰고, 전체 글에서 주어나 어미가 달라지지 않도록 주의한다. (예를 들어, 주어를 처음에 '나'로 썼다면 끝까지 '나'로 쓰고, 앞부분에서 '-습니다' 체를 사용했다면 끝까지 지켜지도록 주의해야 한다.)

③ 각 문장의 주어와 어미를 반드시 통일해야 한다. (예를 들어, '나'로 시작했다면 '-한다'로, '저'로 시작했다면 '합니다'로 끝내야 한다.)

④ 한 문장 안에서 또는 글 전체적으로 과거, 현재, 미래에 대한 시간표현을 올바르게 사용해야 한다.
예) 어제 백화점에 갔다.

1
14회 46번

다음을 읽고 400~600자로 글을 쓰십시오.

'잊지 못할 추억'이라는 제목으로 글을 쓰십시오. 단, 아래에 제시된 내용이 모두 포함되어야 합니다.

어떤 추억인가?
왜 지금까지 기억에 남아 있는가?
언제 그 추억이 떠오르는가?

※ 원고지 쓰기의 예

	아	이	들	은		장	난	감	을		가	지	고		놀	면	서		보
내	는		시	간	이		많	다.		장	난	감		놀	이	를		통	해

MEMO

문제에서는 '잊지 못할 추억'이라는 제목으로 '어떤 추억인지, 지금까지 기억하고 있는 이유가 무엇인지, 언제 그 추억이 떠오르는지' 세 가지 사항을 포함하여 글을 구성하라고 지시하고 있다. 우선, 과거에 실제로 경험했던 일, 기억에 남는 일에 대해 구체적으로 묘사하고, 그 일이 자신에게 어떠한 의미가 있는지 설명하여 지금까지 기억하고 있는 이유를 제시한다. 더불어 언제, 어떤 상황에서 그 경험이 기억나는지도 적어야 한다. 문제에서 요구한 사항에 대해서는 명확하게 드러나도록 문장을 구성해야 한다.
문법적으로는 과거 표현 '-았/었/였'을 사용하고, 문장의 시작과 끝이 자연스럽게 연결되도록 하며, 맞춤법, 띄어쓰기 등에도 주의하면서 작문한다. ([모범답안]과 [풀이] : p.302 참고)

1 다음을 읽고 400~600자로 글을 쓰십시오.

여러분은 누군가에게 실수나 잘못을 한 경험이 있습니까? '다른 사람에게 잘못을 사과한 경험'이라는 제목으로 글을 써 보십시오. 단, 아래에 제시된 내용이 모두 포함되어야 합니다.

> 내가 누구에게 어떤 잘못을 했는지?
> 왜 잘못을 하게 되었는지?
> 어떤 방법으로 사과를 했는지?

MEMO

문제에서는 '다른 사람에게 잘못을 사과한 경험'이라는 제목으로 '누구에게 어떤 잘못을 했는지, 왜 잘못을 하게 되었는지, 어떤 방법으로 사과를 했는지' 세 가지 사항을 포함하여 글을 구성하라고 지시하고 있다. 우선, 과거에 다른 사람에게 사과한 경험에 대해 누구에게 어떤 잘못을 왜 하게 되었는지 구체적이고 명확하게 쓴다. 그리고 그 잘못에 대해 어떤 방법으로 사과를 했는지 설명한다. 문제에서 요구한 사항에 대해서는 명확하게 드러나도록 문장을 구성하도록 해야 한다.
과거에 한 잘못에 대해 글을 써야 하므로, 과거 표현 '-았/었/였'을 사용하고, 문장의 시작과 끝이 자연스럽게 연결되도록 하며, 맞춤법, 띄어쓰기 등에도 주의하면서 작문한다.
([예시작문]과 [풀이]: p.303~305 참고)

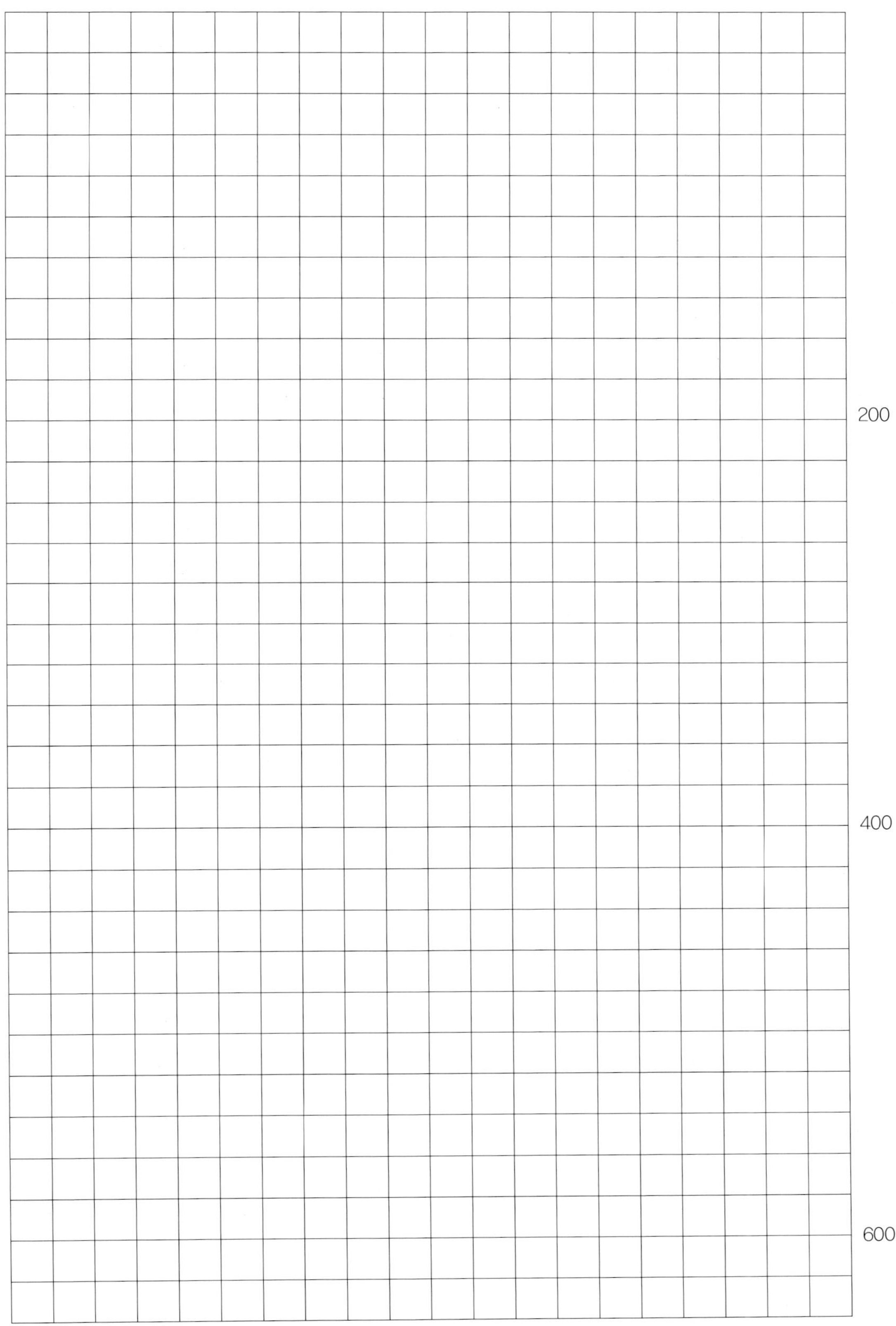

200
400
600

1
12회 46번

다음을 읽고 400~600자로 글을 쓰십시오.

'10년 후의 나의 모습'이라는 제목으로 글을 써 보십시오. 단, 아래에 제시된 내용이 모두 포함되어야 합니다.

> 일의 내용, 일의 의미와 가치, 현재의 나의 노력

※ 원고지 쓰기의 예

	사	물	은		바	라	보	는		위	치	에		따	라		다	르	게
보	인	다	.		컵	을		예	로		들	어		생	각	해		보	자

MEMO

문제에서는 '10년 후 나의 모습'이라는 제목으로 '일의 내용, 일의 의미와 가치, 현재 나의 노력' 세 가지 사항을 포함하여 글을 구성하라고 지시하고 있다. 아직 일어나지 않은 미래의 일이므로, 10년 후 자신의 모습을 상상해서 무슨 일을 하게 될지, 그 일의 의미와 가치는 무엇인지에 대해 묘사하고, 그 일을 하기 위해 현재 하고 있는 노력에 대해서도 구체적으로 적는다.
미래의 계획에 대한 글이므로, '-을 것이다', '-을 것 같다' 등과 같은 추측이나 '-겠-'과 같이 의지를 나타내는 표현을 사용해야 한다. ([모범답안]과 [풀이]: p.306 참고)

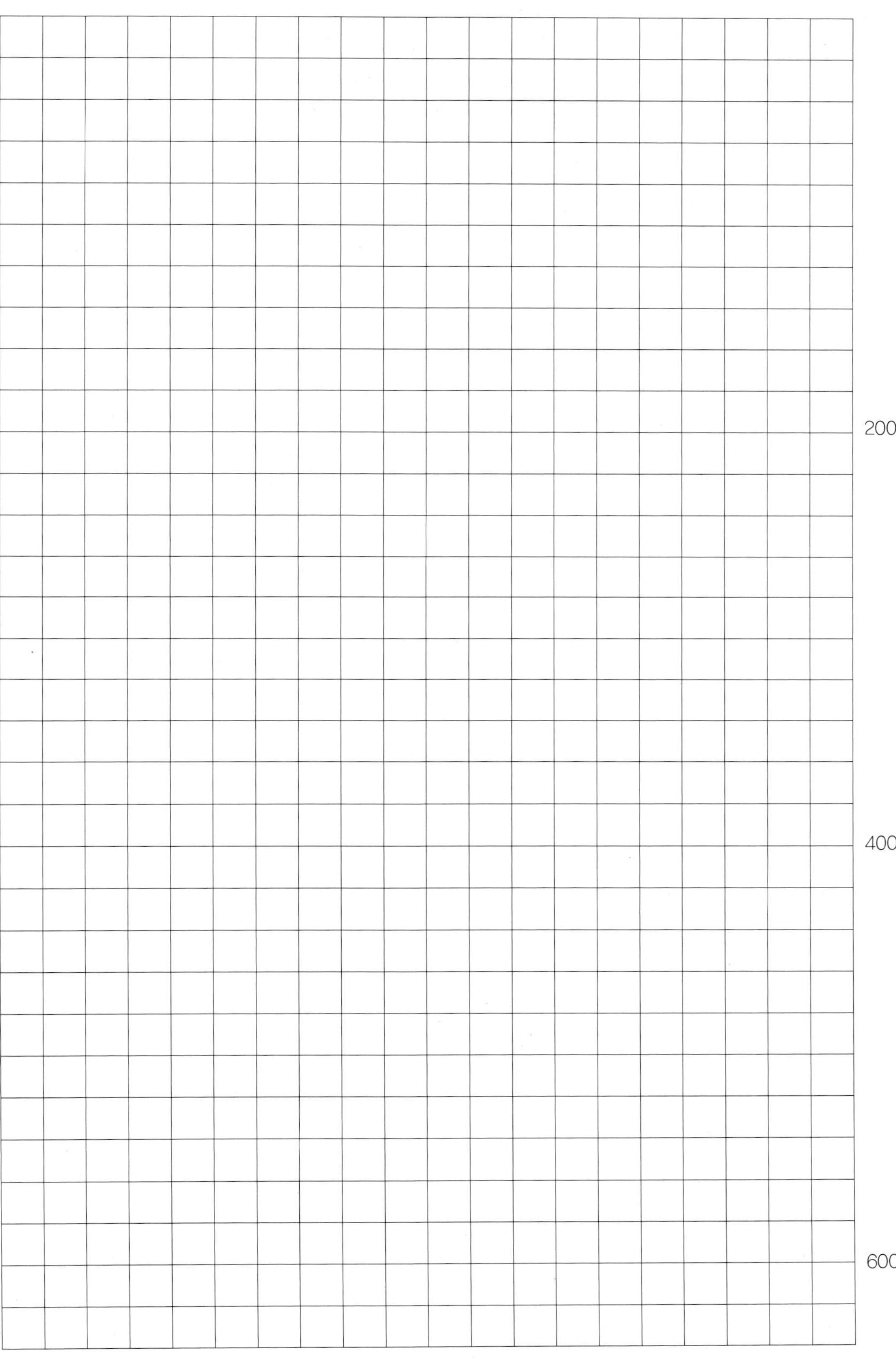

1 다음을 읽고 400~600자로 글을 쓰십시오

'나에게 가장 소중한 것'이라는 제목으로 글을 써 보십시오. 단, 아래에 제시된 내용이 모두 포함되어야 합니다.

> 나에게 가장 소중한 것
> 소중한 이유
> 소중한 것을 지키기 위해서 한(하고 있는) 노력

문제에서는 '나에게 가장 소중한 것'이라는 제목으로 '가장 소중한 것이 무엇인지, 왜 소중한지, 소중한 것을 지키기 위해서 무슨 노력을 하고 있는지' 세 가지 사항을 포함하여 글을 구성하라고 지시하고 있다. 소중하게 생각하는 것에 대해 묘사하고, 그것이 소중한 이유에 대해 구체적으로 설명한다. 더불어 소중한 것을 지키기 위해서 현재 하고 있는 노력에 대해서도 명확하게 적는다. ([예시작문]과 [풀이]: p.307~309 참고)

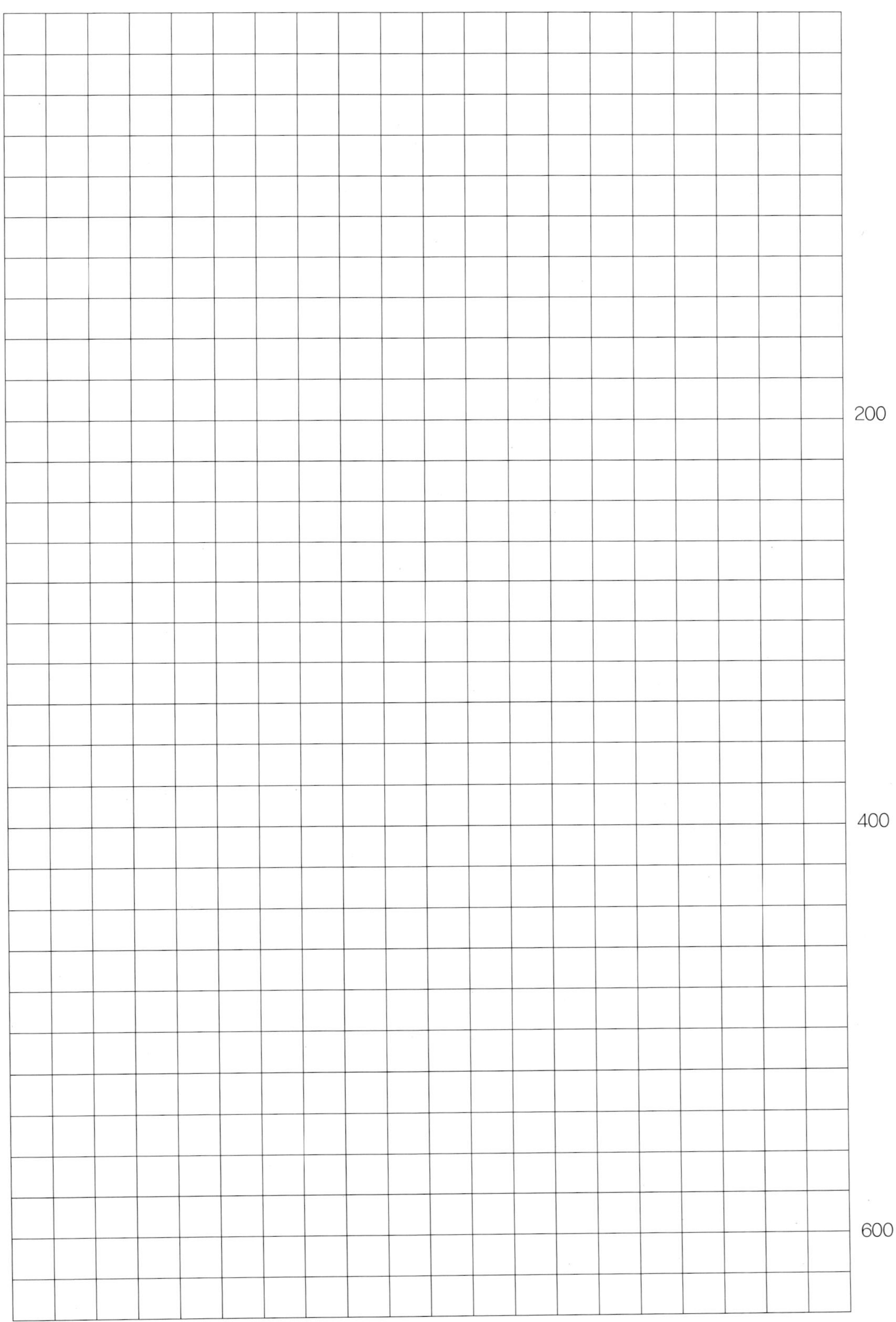

200

400

600

한국어능력시험
중급

실전 모의고사

일상생활	사회	건강	경제	문화	여가생활	과학	교육	역사	철학	언어	기타	계
19	3	3	1	-	3	-	-	-	1	-	-	30

문항 번호	주제	텍스트 유형	문항 유형	난이도
1	철학	생활문	문맥에 맞는 어휘 고르기	3급 하
2	일상생활	생활문	문맥에 맞는 어휘 고르기	3급 중
3	일상생활	기사	문맥에 맞는 어휘 고르기	4급 하
4	사회	기사	문맥에 맞는 어휘 고르기	4급 중
5	건강	생활문	문맥에 맞는 어휘 고르기	4급 하
6	일상생활	생활문	유의어 고르기	3급 중
7	사회	설명문	유의어 고르기	4급 하
8	일상생활	생활문	유의어 고르기	3급 상
9	일상생활	생활문	유의어 고르기	3급 중
10	일상생활	대화문	다의어 고르기	3급 중
11	일상생활	생활문	다의어 고르기	3급 하
12	일상생활	대화문	반의어/반의표현 고르기	3급 하
13	일상생활	생활문	반의어/반의표현 고르기	3급 상
14	일상생활	대화문	문맥에 알맞은 문법 고르기	3급 하
15	일상생활	대화문	문맥에 알맞은 문법 고르기	3급 중
16	일상생활	대화문	문맥에 알맞은 문법 고르기	4급 하
17	여가생활	대화문	문맥에 알맞은 문법 고르기	4급 중
18	일상생활	대화문	문맥에 알맞은 문법 고르기	3급 상
19	일상생활	생활문	바른 문장 고르기	3급 중
20	일상생활	대화문	바른 문장 고르기	3급 상
21	일상생활	대화문	바른 문장 고르기	4급 하
22	일상생활	생활문	바른 문장 고르기	4급 하
23	일상생활	대화문	바른 문장 고르기	3급 상
24	일상생활	대화문	같은 의미 표현 고르기	3급 하
25	사회	대화문	같은 의미 표현 고르기	4급 하
26	일상생활	대화문	같은 의미 표현 고르기	3급 상
27	여가생활	대화문	문맥에 알맞은 문법 고르기	4급 하
28	여가생활	대화문	문맥에 알맞은 표현 고르기	3급 상
29	건강	설명문	문맥에 알맞은 문법(속담) 고르기	4급 상
30	건강	설명문	문맥에 알맞은 어휘/표현 고르기	3급 중

일상생활	사회	건강	경제	문화	여가생활	과학	교육	역사	철학	언어	기타	계
7	1	2	-	1	3	1	-	-	1	-	-	16

문항 번호	주제	텍스트 유형	문항 유형	난이도
31	여가생활	대화문	대화 완성하기	3급 하
32	사회	대화문	대화 완성하기	3급 중
33	일상생활	대화문	대화 완성하기	3급 상
34	일상생활	대화문	대화 완성하기	3급 중
35	일상생활	대화문	같은 의미의 문장 고르기	3급 중
36	일상생활	대화문	같은 의미의 문장 고르기	3급 상
37	여가생활	안내문	잘 또는 잘못 풀어 쓴 것 고르기	3급 중
38	여가생활	안내문	잘 또는 잘못 풀어 쓴 것 고르기	3급 상
39	문화	기사	글 완성하기	4급 하
40	건강	기사	글 완성하기	4급 중
41	일상생활	생활문	제시어 이용해 문장쓰기	4급 하
42	일상생활	생활문	제시어 이용해 문장쓰기	4급 중
43	건강	기사	글 완성하기	4급 하
44	과학	기사	글 완성하기	4급 상
45	일상생활	생활문	글 완성하기	4급 중
46	철학	자유작문	작문하기	4급 상

한국어능력시험

표현(어휘 및 문법, 쓰기)

총 문 항 수 : 60문항

시 험 시 간 : 90분

수험번호(Registration No.)		
이 름 (Name)	한국어(Korean)	
	영 문(English)	

* OMR답안지는 실전 모의고사 3회 뒤에 있습니다.

유 의 사 항
Information

1. 시험 시작 지시가 있을 때까지 문제를 풀지 마십시오.
   Do not open the booklet until you are allowed to start.

2. 수험표와 이름은 수험표와 같도록 정확하게 적어 주십시오.
   Write your name and registration number on the answer sheet
   same as on your test voucher.

3. 답안지를 구기거나 훼손하지 마십시오.
   Do not fold the answer sheet; keep it clean.

4. 답안지의 이름, 수험번호 및 정답의 기입은 반드시 컴퓨터용 펜을 사
   용하여야 하며, 답안의 정정 시 수정테이프의 사용이 가능합니다.
   Use only the optical mark reader(OMR) pen to fill in on the
   answer sheet. You may use a distributed whiteout to correct
   the answer sheet.

5. 정답은 답안지에 정확하게 표시하여 주십시오.
   Fill in completely each circle with a clear mark on the answer
   sheet.

   answer sheet ① ● ③ ④

6. 문제를 읽을 때에는 소리가 나지 않도록 하십시오.
   Keep quite while answering the questions.

7. 질문이 있을 때에는 손을 들고 감독관이 올 때까지 기다려 주십시오.
   When you have any questions, please raise your hand and
   wait till the test administrator comes to you.

어휘 및 문법 (1번~30번)

※ [1~5] 다음 (   )에 알맞은 것을 고르십시오. (각 3점)

1. 지난 일은 모두 잊고 새 (   )을 하기로 마음먹었다.
    ① 희망   ② 일정   ③ 인생   ④ 출발

2. 그녀는 가위로 종이를 자르다가 손을 (   ).
    ① 다쳤다   ② 모았다   ③ 들었다   ④ 데었다

3. 이번 추위는 다음 주까지 (   ) 당분간 계속될 것으로 보입니다.
    ① 가려져   ② 이어져   ③ 끊어져   ④ 늦어져

4. 여성의 취업률이 증가하면서 여성들의 결혼 (   )이/가 점점 높아지고 있다.
    ① 세대   ② 목적   ③ 연령   ④ 제도

5. 여름에는 외출하기 전에 (   ) 자외선 차단제를 바르는 것이 좋다.
    ① 미처   ② 굳이   ③ 미리   ④ 급히

※ [6~9] 다음 밑줄 친 부분과 의미가 <u>비슷한 것</u>을 고르십시오.

6. 내가 그 사람보다 먼저 일을 <u>마쳤다</u>. (3점)
    ① 맡았다   ② 당했다   ③ 꺼냈다   ④ 끝냈다

7. 요즘 한국에서는 출산율이 점점 <u>감소하고</u> 있는 것이 사회문제 중 하나이다.
(4점)

　① 떠오르고　　② 줄어들고　　③ 증가하고　　④ 차지하고

8. 그 학생은 잘못을 저지르고 선생님의 눈치를 <u>보느라고</u> 정신이 없었다. (3점)

　①겪느라고　　② 재느라고　　③참느라고　　④ 살피느라고

9. 그 말을 들으니 기가 <u>막혀서</u> 아무 일도 할 수 없었다. (4점)

　① 차서　　② 먹혀서　　③ 밀려서　　④ 밝아서

※ [10~11] 다음 (　　　)에 공통적으로 들어갈 동사를 고르십시오.

10. (3점)

나이를 (　　) 눈가에 주름이 늘어난다. 밥을 너무 많이 (　　) 배가 부르고 졸려요. 다른 사람에게 욕을 (　　) 언제나 기분이 나쁘다.

　① 사다　　② 먹다　　③ 들다　　④ 들다

11. (3점)

자신의 건강은 젊어서 (　　) 한다. 그는 만날 때마다 약속을 (　　) 않는다. 나는 일주일 내내 집을 (　　) 외출을 하지 못했다.

　① 비우다　　② 세우다　　③ 지키다　　④ 아끼다

※ [12~13] 다음 밑줄 친 부분과 의미가 <u>반대인 것</u>을 고르십시오.

12. 커피가 너무 <u>연하니까</u> 맛이 없네요. (3점)

① 쓰니까   ② 진하니까   ③ 흐리니까   ④ 싱거우니까

13. 영희가 말도 없이 <u>사라져서</u> 온 동네를 찾아다녔다. (4점)

① 나타나서   ② 떨어져서   ③ 없어져서   ④ 지워져서

※ [14~18] 다음 (   )에 알맞은 것을 고르십시오.

14. (3점)

가: 영수 씨, 오늘 기분이 안 좋아 보여요. 나: 같은 동네에 살던 철수(   ) 어제 이사를 갔거든요.

① 부터   ② 마다   ③ 밖에   ④ 마저

15. (3점)

가: 민지 씨, 회사에 무슨 일 있어요? 나: 보고서를 제출(   ) 다른 일거리가 생겼어요.

① 하려고   ② 하자마자   ③ 하느라고   ④ 하는데도

16. (4점)

> 가: 슬기 씨, 운전할 줄 알아요?
> 나: 운전면허증을 (   ) 운전을 안 해봐서 잘 못해요.

① 딴 후에　　② 딴 차에　　③ 딴 김에　　④ 딴 대신에

17. (4점)

> 가: 지난 주말엔 뭐 했어요?
> 나: 놀이공원에 (   ) 비가 와서 집에 있었어요.

① 가려거든　　② 가더라도　　③ 가려다가　　④ 가다시피

18. (3점)

> 가: 오늘 날씨가 흐리네요.
> 나: 그러게요. 하늘을 보니 비가 (   ).

① 올 리 없어요　　② 올 것 같아요　　③ 올 줄 몰라요　　④ 올 줄 알아요

※ [19~23] 다음 밑줄 친 부분이 맞는 것을 고르십시오.

19. (3점)

① 아침을 못 <u>먹어도</u> 배가 고프다.
② 친구 선물을 <u>사야 해서</u> 일찍 나왔다.
③ 인사동에 <u>가고도</u> 사람들이 너무 많았다.
④ 수업이 늦게 <u>끝나고야</u> 약속 시간에 늦었다.

20. (3점)

① 부산에 <u>가도록</u> 친구도 만나고 왔어요.
② 인터넷 검색을 <u>했길래</u> 쉽게 찾을 수 있었어요.
③ 감기에 걸리지 <u>않은 탓에</u> 옷을 따뜻하게 입으세요.
④ 계속 전화가 <u>오는 통에</u> 다른 일을 할 수가 없었어요.

21. (4점)

① 외출하려고 하는데 전화벨이 <u>울었어요</u>.
② 퇴근시간이 지나고 나니까 길이 <u>뚫렸네요</u>.
③ 방 청소를 자주 하지 않으면 먼지가 <u>쌓아요</u>.
④ 어젯밤에 거실에서 잤더니 모기에 <u>물었어요</u>.

22. (3점)

① 오랜만에 영화를 <u>보기에</u> 정말 재밌다.
② 바람이 잘 <u>통했어도</u> 빨래가 잘 마른다.
③ 상대방의 이야기를 잘 <u>들을 줄</u> 알아야 한다.
④ 저녁에 약속이 <u>있듯이</u> 오늘은 못 만날 것 같아.

23. (3점)

① 내가 찾던 사람이 <u>그저</u> 이 사람이야.
② 한 시간 만에 <u>겨우</u> 하나를 만들 수 있었어요.
③ 철수는 일이 있어서 <u>도무지</u> 늦게 도착할 것 같대요.
④ 제가 우승할 수 있었던 것은 <u>도리어</u> 선생님 덕분입니다.

※ [24~26] 다음 밑줄 친 부분과 바꾸어 쓸 수 있는 것을 고르십시오.

24. (3점)

> 가: 작년에 비해 올 여름에 비가 더 많이 올 거라는 보도가 있었어요.
> 나: 그래서 올해는 장마철을 피해서 휴가 날짜를 <u>잡으려고요</u>.

① 얻으려고요　　② 구하려고요
③ 세우려고요　　④ 정하려고요

25. (4점)

> 가: 일은 많이 진행됐어요?
> 나: 집에 서류를 <u>두고 와서</u> 하루 종일 아무 일도 못했어요.

① 두고 와 보니　　② 두고 온 만큼
③ 두고 오는 바람에　　④ 두고 오는 사이에

26. (4점)

> 가: 이 가게는 원래 사람이 많았나요?
> 나: 아뇨. 가게가 <u>이사하면서</u> 손님들이 많아졌어요.

① 이사할 텐데　　② 이사하고 나서
③ 이사하나 마나　　④ 이사하는 대로

※ [27~28] 다음 글을 읽고 물음에 답하십시오.

가: 어제 본 뮤지컬은 어땠어요?
나: 정말 좋았어요. 주연 배우의 연기가 (㉠) 인상 깊었어요.
가: 저도 가고 싶었는데 정말 아쉬워요.
나: 다음에 또 (㉡) 꼭 같이 가요.

27. ㉠에 알맞은 것을 고르십시오. (4점)

① 굉장히　　② 조용히　　③ 가만히　　④ 우연히

28. ㉡에 알맞은 것을 고르십시오. (3점)
① 보게 되면　　② 보게 되거나　　③ 보게 되든지　　④ 보게 되느니

※ [29~30] 다음 글을 읽고 물음에 답하십시오.

감기가 다른 병의 원인이 되는 경우가 많다. 그러나 우리는 감기를 너무 가볍게 생각하는 경향이 있다. (㉠)라는 말이 있듯이, 감기에 걸리기 전에 예방하는 것이 더욱 중요하다. 그렇게 하기 (㉡) 실내가 건조하지 않도록 주의하고, 수시로 손을 씻는 것이 좋다. 충분한 휴식을 취하는 것도 감기를 사전에 예방할 수 있는 기본적인 방법이다.

29. ㉠에 알맞은 것을 고르십시오. (4점)

① 배보다 배꼽이 더 크다
② 소 잃고 외양간 고친다
③ 원숭이도 나무에서 떨어진다
④ 하룻강아지 범 무서운 줄 모른다

30. ㉡에 알맞을 것을 고르십시오. (3점)

① 위해서도　　② 위해서만　　③ 위해서는　　④ 위해서까지

※ [31-34] 빈칸에 가장 알맞은 것을 고르십시오. (각 4점)

31.

> 가: 아직까지 퇴근 안했어요?
>
> 나: ___________ 더 있다가 가려고요.

① 할 일만 남아서
② 할 일이 남아서
③ 할 일은 끝나서
④ 할 일도 끝나서

32.

> 가: 영미 씨, 자전거 탈 때 이제 안 넘어져요?
>
> 나: 네, 연습했더니 ___________.

① 타겠어요
② 탈까 봐요
③ 탈 만 해요
④ 탈 수 없어요

33.

가: 영재 씨, 어제 친구는 잘 만났어요?

나: 네, 그런데 하마터면 ___________.

① 못 만날 뻔 했어요
② 못 만날 수 있어요
③ 못 만나려고 했어요
④ 못 만나기도 했어요

34.

가: 주말에 본 콘서트는 어땠어요?

나: 너무 뒤에 앉아서 ___________.

① 제대로 보면 좋겠어요
② 제대로 보고 싶었어요
③ 제대로 볼 수 없었어요
④ 제대로 볼 수밖에 없었어요

※ [35~36] 밑줄 친 부분을 같은 의미로 바꾸어 쓴 것을 고르십시오. (각 4점)

35.

> 가: 슬기가 너한테 큰 실수했다면서?
>
> 나: 응. 그런데 사과했으니까 그냥 <u>넘어가려고 해.</u>

① 봐주려고 해
② 그만두려고 해
③ 혼내주려고 해
④ 도와주려고 해

36.

> 가: 어제 본 그 사람 어때요?
>
> 나: 별로 <u>마음에 들지 않아요.</u>

① 눈에 넣지 않아요
② 눈에 차지 않아요
③ 눈이 아프지 않아요
④ 눈에 넘치지 않아요

※ [37~38] 다음 안내문의 내용과 같은 것을 고르십시오. (각 4점)

37.

<연극 '하늘로의 여행' 안내>

○ 공연날짜: 10월부터 한 달간
○ 공연시간: 평일 오후 7시 시작/ 주말 오후 3시, 7시부터
　　　　　 ※ 월요일은 공연 없음
○ 장소: 명동 예술 극장
○ 가격: 전 좌석 3만 원, 청소년은 50% 할인
○ 후원: 서울 문화예술극장

연극 '하늘로의 여행'이 다시 한 번 여러분을 찾아갑니다.
① 본 연극은 10월부터 연말까지 서울 문화예술극장에서 공연됩니다. ② 월요일부터 금요일까지는 7시에 공연이 있습니다. ③ 토요일과 일요일에는 3시부터 7시 사이에 티켓을 사실 수 있으며 ④ 티켓의 가격은 청소년을 제외하고 모두 3만 원입니다.

38.

<한국대학교 축구동아리 회원 모집>

대학생활의 멋진 추억을 만듭시다!

○ 대상: 한국대학교 신입생
○ 1차 심사: 3월 5일 목요일, 한국대학교 운동장 앞
○ 결과 발표: 3월 7일 토요일, 학생회관 게시판 참조
○ 지원해 주신 모든 분께 문화상품권을 드립니다.

한국대학교 축구동아리에서 회원을 모집합니다.
① 현재 한국대학교에 재학 중인 학생이라면 누구나 지원 가능합니다. ② 3월 5일 목요일에 한국대학교 축구장에서 1차 심사를 하고, ③ 합격자는 이틀 후 게시판을 통해 발표합니다. ④ 합격하신 모든 분께 문화상품권을 선물로 드립니다. 여러분들의 많은 참여 바랍니다.

※ [39~40] (   )에 가장 알맞은 표현을 고르십시오. (각 4점)

39.

한강공원에는 시민들을 위한 여러 가지 휴식 공간이 마련되어 있다. 그 중에서도 여의도 한강공원은 이러한 시설들이 가장 많이 설치되어 있다고 할 수 있다. 이곳에는 민속놀이마당, 자전거 도로 등의 문화 시설이 (   ) 매년 봄에는 벚꽃축제가 열리고, 가을에는 불꽃축제도 열린다. 이 때문에 여의도한강공원은 사람들의 발걸음이 끊이지 않는다.

① 잘 갖추어져 있는 편인데도
② 잘 갖추어져 있다고 하더라도
③ 잘 갖추어져 있을 뿐만 아니라
④ 잘 갖추어져 있는데도 불구하고

40.

젊을 때뿐만 아니라 나이가 들어서도 여러 사람과 함께 어울리는 것은 중요하다. 호주의 한 연구소에서는 운동이나 독서모임 등의 활동에 참여하는 것이 (   ) 건강을 지키는 데에 도움이 된다는 연구결과를 발표했다. '더불어 사는 세상'이란 말도 있듯이 다른 사람들과의 관계를 통해서 우리는 살아있음을 느끼게 되고 더욱 즐거운 삶을 살 수 있는 것이다.

① 그렇지 않은 것보다
② 그렇지 않은 것조차
③ 그렇지 않은 것처럼
④ 그렇지 않은 것만큼

※ [41~42] 제시된 표현을 순서대로 <u>모두</u> 사용해 한 문장으로 쓰십시오. (각 6점)

41.
> 날씨가 춥다 / 감기에 걸리기 쉽다 / 조심하다

42.
> 취직을 하다 / 유학을 가다 / 결정을 해야 하다

※ [43~45] 다음 글을 읽고 (   )에 알맞은 말을 쓰십시오. (각 6점)

43.

책상에 오래 앉아있는 학생과 직장인들 중에는 허리가 좋지 않은 사람들이 많다. 허리는 우리 몸에서 (   ) 평소에 관리를 해줄 필요가 있다. 허리를 건강하게 관리하려면 자리에서 한 시간에 한 번씩 일어나서 가벼운 운동을 하는 것이 좋다. 그리고 앉을 때 다리를 꼬고 앉는 것은 허리에 좋지 않으므로 올바른 자세로 앉는 습관을 가져야 한다.

44.

새들은 같은 땅을 놓고 경쟁해야 할 때 서로 다른 종이라도 자신의 영역에는 들어오지 못하도록 (   ) 연구결과가 발표됐다. 연구결과에 의하면 실제로 한 종의 새가 자신의 영역을 지키기 위해서 내는 신호를 들려주면 다른 종의 새들도 놀라는 반응을 보였다고 한다. 이것은 다른 종끼리 같은 신호를 쓸 수 없다는 기존의 주장을 완전히 뒤집는 결과이다.

45.

옷장정리를 할 때는 티셔츠, 바지 등과 같이 종류별로 나누어서 하는 것이 좋다. 그리고 옷이 잘 보일 수 있도록 세워서 정리하면 필요할 때 (   ). 정리를 한 후에는 각 물건을 담은 상자에 이름표를 붙여두고, 옷들을 침대 밑이나 옷장 위 등의 쓰지 않는 공간을 활용하면 좋다.

※ 다음을 읽고 400~600자로 글을 쓰십시오. (30점)

46. '존경하는 사람'이라는 제목으로 글을 써 보십시오. 단, 아래에 제시된 내용이 모두 포함되어야 합니다.

존경하는 사람은 누구인가?
존경하는 이유는?
존경하는 사람을 본받기 위해서 해야 할 일

※ 원고지 쓰기의 예

	동	물	들	은		거	울	에		비	친		자	신	의		모	습	을
다	른		동	물	로		여	긴	다	.	고	양	이	는		거	울		속

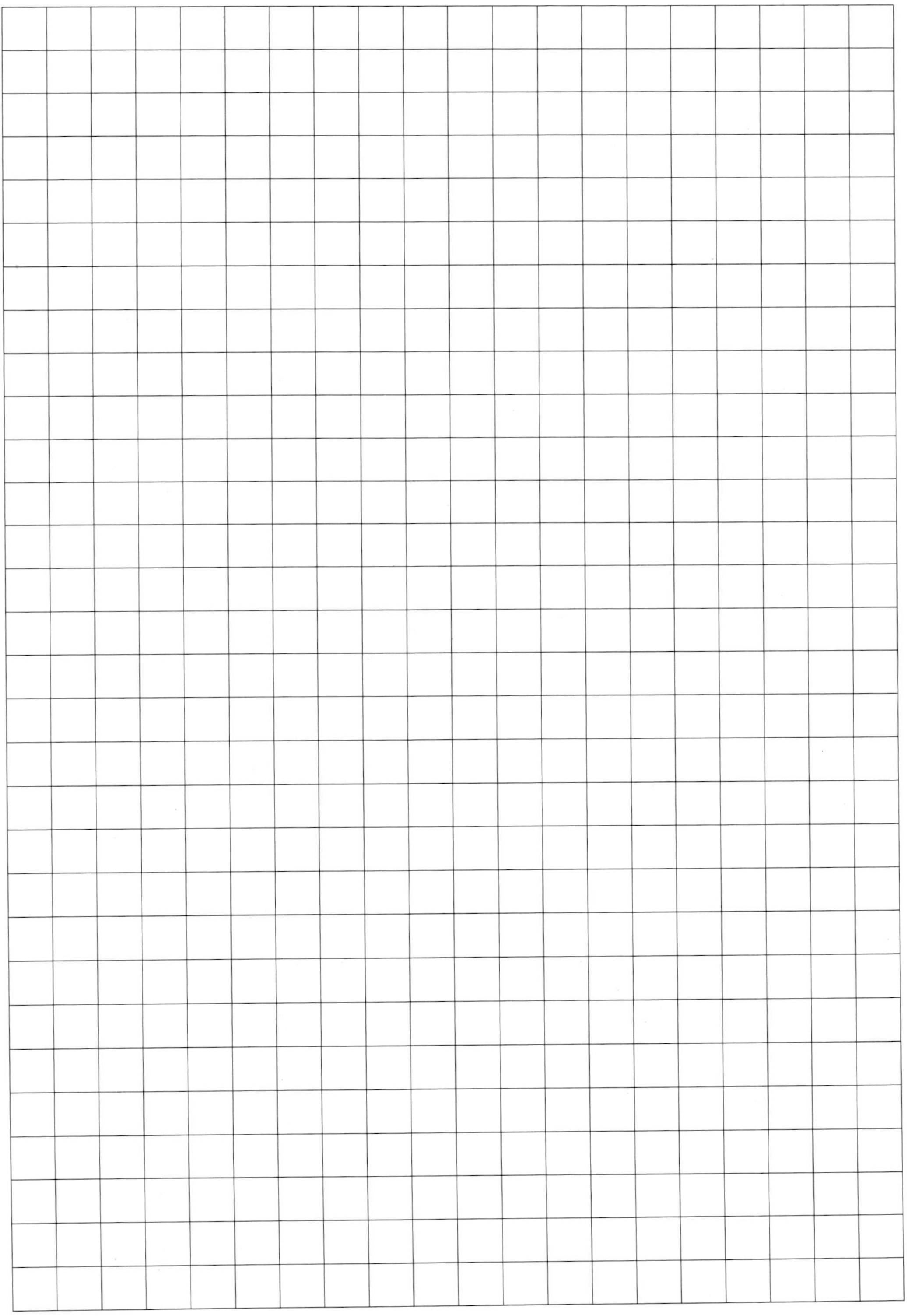

일상생활	사회	건강	경제	문화	여가생활	과학	교육	역사	철학	언어	기타	계
24	1	1	-	-	3	-	-	-	1	-	-	30

문항 번호	주제	텍스트 유형	문항 유형	난이도
1	철학	생활문	문맥에 맞는 어휘 고르기	3급 하
2	사회	생활문	문맥에 맞는 어휘 고르기	3급 중
3	일상생활	생활문	문맥에 맞는 어휘 고르기	3급 상
4	일상생활	생활문	문맥에 맞는 어휘 고르기	4급 중
5	건강	설명문	문맥에 맞는 어휘 고르기	4급 하
6	일상생활	생활문	유의어 고르기	3급 상
7	일상생활	생활문	유의어 고르기	4급 하
8	일상생활	대화문	유의어 고르기	4급 중
9	일상생활	생활문	유의어 고르기	4급 하
10	일상생활	대화문	다의어 고르기	3급 중
11	일상생활	대화문	다의어 고르기	3급 상
12	일상생활	대화문	반의어/반의표현 고르기	3급 중
13	일상생활	생활문	반의어/반의표현 고르기	3급 상
14	여가생활	대화문	문맥에 알맞은 문법 고르기	3급 하
15	일상생활	대화문	문맥에 알맞은 문법 고르기	3급 중
16	일상생활	생활문	문맥에 알맞은 문법 고르기	4급 중
17	일상생활	대화문	문맥에 알맞은 문법 고르기	3급 상
18	일상생활	대화문	문맥에 알맞은 문법 고르기	3급 중
19	일상생활	대화문	바른 문장 고르기	4급 하
20	일상생활	생활문	바른 문장 고르기	3급 상
21	일상생활	생활문	바른 문장 고르기	3급 중
22	일상생활	생활문	바른 문장 고르기	3급 중
23	일상생활	생활문	바른 문장 고르기	3급 상
24	일상생활	대화문	같은 의미 표현 고르기	3급 중
25	일상생활	대화문	같은 의미 표현 고르기	4급 하
26	일상생활	대화문	같은 의미 표현 고르기	3급 상
27	여가생활	대화문	문맥에 알맞은 문법 고르기	3급 상
28	여가생활	대화문	문맥에 알맞은 표현 고르기	3급 중
29	일상생활	수필	문맥에 알맞은 어휘/표현 고르기	3급 상
30	일상생활	수필	문맥에 알맞은 문법(속담) 고르기	4급 상

일상생활	사회	건강	경제	문화	여가	과학	교육	역사	철학	언어	기타	계
8	4	2	-	1	-	1	-	-	-	-	-	16

문항 번호	주제	텍스트 유형	문항 유형	난이도
31	일생생활	대화문	대화 완성하기	3급 하
32	일상생활	대화문	대화 완성하기	3급 중
33	일상생활	대화문	대화 완성하기	3급 상
34	사회	대화문	대화 완성하기	3급 중
35	일상생활	대화문	같은 의미의 문장 고르기	3급 중
36	일상생활	대화문	같은 의미의 문장 고르기	3급 상
37	사회	안내문	잘 또는 잘못 풀어 쓴 것 고르기	3급 중
38	문화	광고	잘 또는 잘못 풀어 쓴 것 고르기	3급 상
39	사회	기사문	글 완성하기	4급 하
40	건강	기사문	글 완성하기	4급 중
41	일상생활	생활문	제시어 이용해 문장쓰기	4급 하
42	일상생활	생활문	제시어 이용해 문장쓰기	4급 중
43	건강	기사문	글 완성하기	4급 하
44	환경(과학)	기사문	글 완성하기	4급 상
45	사회	기사문	글 완성하기	4급 중
46	일상생활	자유작문	작문하기	4급 상

한국어능력시험

표현(어휘 및 문법, 쓰기)

총 문 항 수 : 60문항

시 험 시 간 : 90분

수험번호(Registration No.)		
이 름 (Name)	한국어(Korean)	
	영 문(English)	

* OMR답안지는 실전 모의고사 3회 뒤에 있습니다.

유 의 사 항
Information

1. 시험 시작 지시가 있을 때까지 문제를 풀지 마십시오.
   Do not open the booklet until you are allowed to start.

2. 수험표와 이름은 수험표와 같도록 정확하게 적어 주십시오.
   Write your name and registration number on the answer sheet same as on your test voucher.

3. 답안지를 구기거나 훼손하지 마십시오.
   Do not fold the answer sheet; keep it clean.

4. 답안지의 이름, 수험번호 및 정답의 기입은 반드시 컴퓨터용 펜을 사용하여야 하며, 답안의 정정 시 수정테이프의 사용이 가능합니다.
   Use only the optical mark reader(OMR) pen to fill in on the answer sheet. You may use a distributed whiteout to correct the answer sheet.

5. 정답은 답안지에 정확하게 표시하여 주십시오.
   Fill in completely each circle with a clear mark on the answer sheet.

6. 문제를 읽을 때에는 소리가 나지 않도록 하십시오.
   Keep quite while answering the questions.

7. 질문이 있을 때에는 손을 들고 감독관이 올 때까지 기다려 주십시오.
   When you have any questions, please raise your hand and wait till the test administrator comes to you.

어휘 및 문법 (1번~30번)

※ [1~5] 다음 (   )에 알맞은 것을 고르십시오. (각3점)

1. 매일 아침 운동을 한 덕분에 체중이 많이 (   ) 기분이 좋다.
   ① 줄어서   ② 생겨서   ③ 꺼져서   ④ 걸려서

2. 사람의 마음을 이해하는 능력은 사회생활에서 매우 (   ).
   ① 섬세하다   ② 엄격하다   ③ 풍부하다   ④ 중요하다

3. 인터넷에서 주문한 바지가 너무 커서 (   )을/를 요청했다.
   ① 환불   ② 검색   ③ 관심   ④ 방법

4. 어려운 일도 계획을 잘 세우면 (   ) 수 있다.
   ① 해석할   ② 해결할   ③ 집중할   ④ 행동할

5. 여름철에는 (   ) 음식을 익혀먹고 손을 잘 닦아야한다.
   ① 반대로   ② 뜻밖에   ③ 반드시   ④ 의외로

※ [6~9] 다음 밑줄 친 부분과 의미가 <u>비슷한 것</u>을 고르십시오.

6. 날씨가 추워져서 편찮으신 어머니가 <u>걱정되었다</u>. (3점)
   ① 회복되었다   ② 기대되었다   ③ 생각되었다   ④ 염려되었다

7. 잠도 못 자면서 열심히 하더니 <u>드디어</u> 목표를 이루셨네요. (4점)

① 오히려　　② 마침내　　③ 그다지　　④ 도리어

8. 집안 대청소를 <u>끝내고</u> 나니 또 다른 일거리가 생겼다. (3점)

① 미루고　　② 연기하고　　③ 처리하고　　④ 마무리하고

9. 역시 자매라서 그런지 두 사람이 <u>비슷하게</u> 생겼네요. (3점)

① 다르게　　② 유사하게　　③ 평범하게　　④ 단순하게

※ [10~11] 다음 (　　)에 공통적으로 들어갈 동사를 고르십시오.

10. (3점)

한 시간 동안 고생해서 겨우 한 문제를 (　　).
팔팔 끓는 물에 고추장을 (　　) 야채를 넣으세요.
하루 종일 힘들었을 텐데 푹 쉬면서 피로를 (　　).

① 빼다　　② 뽑다　　③ 내다　　④ 풀다

11. (4점)

벽에 유명한 화가들의 그림이 많이 (　　) 있어요.
동생이 감기에 (　　) 전혀 입맛이 없다고 하네요.
아픈 친구에게 서운하게 대한 일이 계속 마음에 (　　).

① 들리다　　② 걸리다　　③ 붙이다　　④ 보이다

※ [12~13] 다음 밑줄 친 부분과 의미가 <u>반대인 것</u>을 고르십시오.

12. 온 종일 일을 했더니 몸이 <u>무거워서</u> 움직일 수가 없다. (3점)

　　① 단단해서　　② 피곤해서　　③ 가벼워서　　④ 힘들어서

13. 철수는 <u>얌전하면서도</u> 공부 잘하는 모범생이었다. (4점)

　　① 활발하면서도　　② 겸손하면서도　　③ 냉정하면서도　　④ 조급하면서도

※ [14~18] 다음 (　　)에 알맞은 것을 고르십시오.

14. (3점)

> 가: 휴일에는 주로 뭐하세요?
> 나: 시간이 날 때면 친구들을 (　　) 집에서 책을 읽어요.

　　① 만나거나　　② 만난다면　　③ 만나니까　　④ 만나려고

15. (4점)

> 가: 몸은 좀 나아졌어요?
> 나: 주말 내내 잠을 많이 (　　) 한결 좋아졌어요.

　　① 잤는데　　② 잤다가　　③ 잤더니　　④ 잤어도

16. 너무 집중해서 (　　) 누군가 들어오는 소리를 듣지 못했다. (4점)

　　① 일하기보다　　② 일하더라도　　③ 일하다가도　　④ 일하느라고

17. (3점)

가: 지난 금요일에 본 시험 결과는 어때요?
나: 예상했던 것(　　　) 수학이 너무 어려웠어요.

① 까지　　② 마다　　③ 보다　　④ 조차

18. 내가 좋아하는 친구가 상을 받게 되어서 얼마나 (　　　) 몰라. (3점)

① 기쁠 줄　　② 기쁜지　　③ 기쁘게　　④ 기쁜데

※ [19~23] 다음 밑줄 친 부분이 맞는 것을 고르십시오.

19. (4점)

① 날씨가 더워서 차가운 음료가 많이 <u>팔았어요</u>.
② 계곡물이 맑아서 그런지 물속이 잘 <u>보이네요</u>.
③ 공사 중인 곳이 많아서 도로가 많이 <u>막았네요</u>.
④ 엄마가 자는 아이를 깨워서 더러워진 손을 <u>씻었어요</u>.

20. (3점)

① 일을 하기로 <u>마음먹은 편에</u> 지금 당장 하자.
② 동생이 공부를 <u>방해한 덕분에</u> 시험을 망쳤다.
③ 영수가 <u>그럴 수도</u> 없는데 무슨 일이라도 생긴 걸까?
④ 힘든 아르바이트를 <u>하는 한이 있어도</u> 공부는 계속 하겠다.

21. (3점)

① 요즘 도서관에서 <u>살았다시피</u> 하고 있어요.
② 사람마다 생김새가 <u>달랐듯이</u> 생각도 다르다.
③ 어제 너도 그 사람을 함께 <u>만나더라면</u> 좋았을 텐데.
④ 낚시터에서 고기를 거의 다 <u>잡았다가</u> 놓치고 말았다.

22. (3점)

① 시계를 어디에 두었는지 <u>설마</u> 생각이 안 나요.
② 사진을 보니 소문대로 영미는 <u>과연</u> 대단한 미인이구나.
③ 우리의 도움이 <u>결코</u> 그들에게 해가 되지 않을지 걱정이다.
④ 할아버님 병세가 예전에 비해 <u>조금</u> 나아진 것이 없어서 속상해요.

23. (4점)

① 모두들 구경만 <u>할 뻔</u> 도와주는 사람이 없었다.
② 밝은 표정을 보니 좋은 일이 있었던 <u>마련이군</u>.
③ 많이 먹고 움직이지 않으면 살이 <u>찌게 모양이다</u>.
④ 기말시험까지 끝났으니 이번 학기도 다 <u>끝난 셈이다</u>.

※ [24~26] 다음 밑줄 친 부분과 바꾸어 쓸 수 있는 것을 고르십시오.

24. (3점)

가: 돌아가는 길에 비 맞지 않았을까 걱정했어요.
나: 다행히 집에 <u>도착하자마자</u> 바로 비가 쏟아지기 시작했어요.

① 도착한다던데   ② 도착하더라도   ③ 도착하고 나서   ④ 도착하기 전에

25. (3점)

가: 지난번에 그 가방 산다고 하지 않았어요?
나: 맘에 들어서 <u>살까 하다가</u> 너무 비싸서 안 샀어요.

① 사려다가   ② 사고서야   ③ 사다보면   ④ 사나마나

26. (4점)

가: 영수는 왜 아직 안 왔어요?

나: 오려고 했는데 갑자기 집에 일이 <u>생기는 바람에</u> 못 오게 되었대요.

① 생기기 때문에　② 생겼기 때문에　③ 생길 것 같아서　④ 생긴 것 같아서

※ [27~28] 다음 글을 읽고 물음에 답하십시오.

가: 원래 잠이 많았는데 요즘 들어 새벽잠이 없어져서 5시만 되면 (　㉠　) 눈이 떠져.

나: 아침 시간을 잘 활용하는 것이 좋대. 매일 아침 운동을 해 보는 게 어때?

가: (　㉡　) 앞으로 매일 아침 운동하려고 자전거를 구입했어.

27. ㉠에 알맞은 것을 고르십시오. (4점)

① 그다지　　② 좀처럼　　③ 저절로　　④ 도대체

28. ㉡에 알맞은 것을 고르십시오. (3점)

① 그렇지 않아도　　　　② 그렇다고 해도

③ 그렇다기보다는　　　　④ 그렇다고 하지만

※ [29~30] 다음 글을 읽고 물음에 답하십시오.

> 오늘이 어머니 생신이어서 아침에 동생과 함께 미역국을 끓여 드렸다. 라면도 제대로 못 끓이던 동생이 미역국을 아주 맛있게 끓였다. 그동안 어머니가 요리하실 때는 옆에서 보기만 (㉠) 이제는 제법 요리를 잘한다. (㉡)는 말이 정말 맞다는 생각이 들었다.

29. ㉠에 알맞은 것을 고르십시오. (4점)

① 하고는　②하고자　③ 했기에　④ 했는데

30. ㉡에 알맞은 것을 고르십시오. (3점)
① 작은 고추가 더 맵다
② 바늘 가는 데 실 간다
③ 서당 개 삼년에 풍월을 한다
④ 윗물이 맑아야 아랫물도 맑다

쓰기 (31번~46번)

※ [31-34] 빈칸에 가장 알맞은 것을 고르십시오. (각 4점)

31.

> 가: 집에 도착하려면 얼마나 남았어요?
>
> 나: 우리가 2시쯤 출발했으니까 앞으로 한 시간 ____________.

① 더 가서 도착할게요
② 이내에 도착할거예요
③ 걸려서 도착하겠지요
④ 지나서 도착하려고 해요

32.

> 가: 승희 씨, 이제 공연이 하루 밖에 남지 않았는데 긴장되지 않으세요?
>
> 나: 예, ____________ 한 편으로는 설레요.

① 조금 긴장돼서
② 많이 떨리지만
③ 조금 떨리겠지만
④ 많이 긴장되니까

33.

> 가: 사랑병원에 가려면 여기서 어떻게 가야하나요?
>
> 나: ___________ 신호등 앞에서 오른쪽으로 가시면 돼요.

① 이 길을 따라 가다가
② 이 길을 따라 가더니
③ 이 길을 따라 가느라고
④ 이 길을 따라 가더라도

34.

> 가: 물건을 살 때 왜 봉투 값을 따로 받는 거예요?
>
> 나: 환경을 위해서 최대한 일회용 봉투를 ___________.

① 덜 쓰기만 하면요
② 덜 쓰다 보니까요
③ 덜 쓰게 하려고요
④ 덜 쓰면 안 되니까요

※ [35~36] 밑줄 친 부분을 같은 의미로 바꾸어 쓴 것을 고르십시오. (각 4점)

35.

> 가: 나 이번 시험 성적이 좋지 않아서 걱정이야.
>
> 나: 그 정도면 <u>그럭저럭 괜찮은데?</u>

① 좋은 편인데
② 좋을 뿐인데
③ 좋지는 않은데
④ 좋을지 모르는데

36.

> 가: 어제 남자친구는 잘 만났어?
>
> 나: 아니, 몇 시간이나 기다렸는데 <u>안 왔어.</u>

① 바람이 났었어
② 바람이 불었어
③ 바람을 피웠어
④ 바람을 맞았어

※ [37~38] 다음 안내문의 내용과 같지 않은 것을 고르십시오. (각 4점)

37.

◆ 승용차 요일제 실시 안내 ◆

에너지절약을 위해 승용차 끝번호 요일제를 실시합니다. 아래 표와 같이 차량의 끝번호와 날짜가 겹칠 경우 차량을 가지고 오실 수 없습니다.

┌ 홀수: 월요일, 수요일, 금요일
├ 짝수: 화요일, 목요일, 토요일
└ (일요일 및 공휴일 제외)

♣ 대상 – 회사에 방문한 모든 차량
♣ 제외 대상 – 장애인차량, 긴급차량
♣ 시행 날짜 – 9월 1일 부터

9월 1일부터 에너지 절약을 위해 승용차 끝번호 요일제를 실시합니다. ① <u>이는 차량의 끝번호를 기준으로 시행되며</u> ② <u>회사에 방문한 모든 차량을 대상으로 합니다.</u> ③ <u>다만, 장애인차량과 구급차와 같은 긴급차량은 제외합니다.</u> ④ <u>날짜별 끝번호는 월,수,금은 홀수이고, 화,목은 짝수, 주말과 공휴일은 실시하지 않습니다.</u>

38.

〈선숙사 템플스테이 안내〉

○ 일시: 7월 21일~22일(1박 2일)
○ 비용: 3만 원
○ 준비물: 세면도구 및 필기도구
○ 내용: 다도체험, 숲속 걷기, 명상

참가 문의: 선숙사 사무소(02-123-4567)

한여름 무더위에 지친 분들을 위한 선숙사 템플스테이를 소개합니다. ① <u>이번 프로그램은 7월 21일 부터 사흘간 진행될 예정이며,</u> ② <u>다도체험을 비롯하여, 숲 속 산책 및 아침,저녁 명상 시간을 갖습니다.</u> ③ <u>세면도구와 필기도구가 필요하며 체험비는 3만 원입니다.</u> ④ <u>자세한 문의는 사무소로 연락 바랍니다.</u>

※ [39~40] (　　　)에 가장 알맞은 표현을 고르십시오. (각 4점)

39.

> 요즘은 직장인들 사이에서 식물 키우기가 인기다. 실내공기 정화는 물론이고 취미 생활도 즐길 수 있어 반복되는 일상에서 작은 행복을 느낄 수 있기 때문이다. 화분 (　　　　　　　) 외국에서는 휴대전화 고리 크기의 화분이나 귀걸이, 반지, 심지어 명함 안에서 자라는 식물까지 개발됐을 정도라고 한다.

① 넓이도 점점 넓어져
② 가격도 점점 내려가
③ 크기도 점점 작아져
④ 무게도 점점 무거워져

40.

> 요즘, 사람들이 건강에 관심이 높아지면서 숲이 주목을 받고 있다. 숲은 공기를 맑게 해주는 것은 물론이고 삼림욕뿐만 아니라 알코올 중독 환자의 회복을 돕는 수단이 되는 등의 다양한 기능을 하기 때문이다. 이렇게 숲에 있는 것만으로도 (　　　　　　　)이 될 수 있어 숲을 찾는 사람들이 늘어나고 있다.

① 건강을 지키기에는 힘든 방법
② 건강에 도움이 되지 않는 방법
③ 건강에 도움을 줄 수 없는 방법
④ 건강을 지킬 수 있는 좋은 방법

※ [41~42] 제시된 표현을 순서대로 <u>모두</u> 사용해 한 문장으로 쓰십시오. (각 6점)

41.

> 시계가 고장이 나다 / 수리를 맡기다 / 비용이 많이 들다

42.

> 나도 지금 먹다 / 얼른 오다 / 같이 먹다

43.

> 핀란드의 한 연구소에서 발표한 결과에 의하면, 인간에게 가장 좋은 수면시간은 7~8시간이라고 한다. 수면시간이 9시간 이상 또는 6시간 미만인 사람들은 뇌와 관련된 실험에서 7~8시간 자는 사람보다 낮은 점수를 기록했다.
> 이번 실험으로 '잠을 너무 많이 자거나 (   )' 모두 건강에 좋지 않다는 사실이 다시 한번 증명 되었다.

44.

> 현재, 지구는 환경오염 등으로 많은 생물이 멸종했으며, 그 중에서 절대 사라져서는 안 되는 동식물이 있다고 전문가들은 주장하고 있다. 고릴라, 원숭이 등은 열대 우림을 보호하는 역할을 하고 있고, 박쥐는 벌레를 통제하며, 벌은 식물을 보존한다고 한다. 이렇게 중요한 역할을 하는 (   ) 우리는 좀 더 자연보호에 신경을 써야할 필요가 있다.

45.

> 여름에는 땀이 많이 나기 때문에 냄새에 신경 쓰는 사람이 많다. 어떤 사람들은 향수를 뿌려서 몸에 나는 냄새를 없애려고 한다. 하지만 때로는 향이 너무 강해서 사람들에게 피해를 주기도 하므로 냄새를 없애기 위해 향수를 (   )은 자제하는 것이 좋다.

※ 다음을 읽고 400~600자로 글을 쓰십시오. (30점)

46. '나의 하루 일과' 라는 제목으로 글을 써 보십시오. 단, 아래에 제시된 내용이 모두 포함되어야 합니다.

아침에 가장 먼저 하는 일
매일 하는 습관적인 일
잠자기 전에 하는 일

※ 원고지 쓰기의 예

	동	물	들	은		거	울	에		비	친		자	신	의		모	습	을
다	른		동	물	로		여	긴	다	.	고	양	이	는		거	울		속

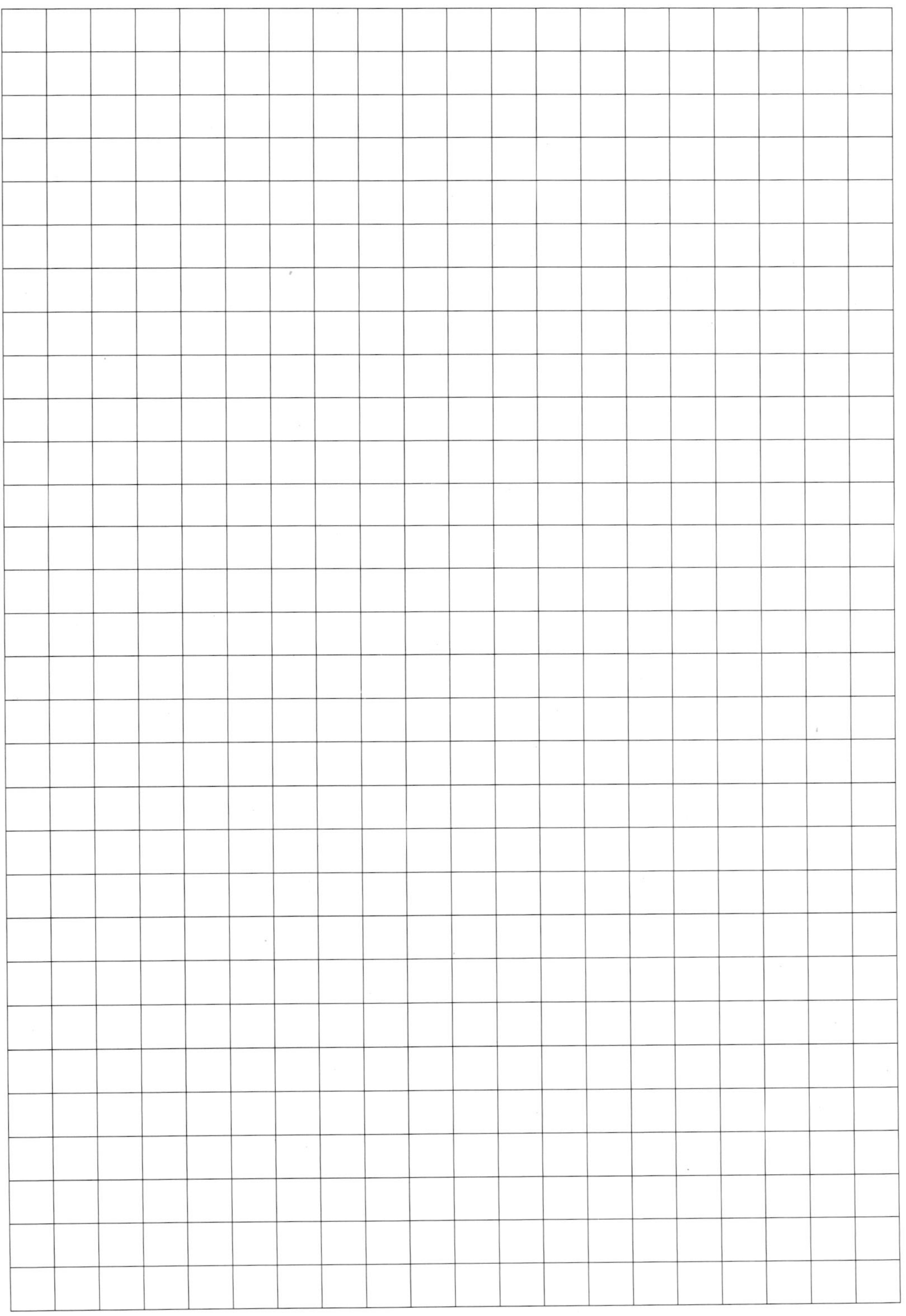

실전 모의고사 – 어휘 및 문법 3회

일상생활	사회	건강	경제경영	문화	여가생활	과학	교육	역사	철학	언어	기타	계
17	2	2	3	-	1	-	2	-	2	-	1	30

문항 번호	주제	텍스트 유형	문항 유형	난이도
1	사회	생활문	문맥에 맞는 어휘 고르기	3급 하
2	일상생활	생활문	문맥에 맞는 어휘 고르기	3급 중
3	일상생활	생활문	문맥에 맞는 어휘 고르기	3급 상
4	일상생활	생활문	문맥에 맞는 어휘 고르기	4급 중
5	일상생활	대화문	문맥에 맞는 어휘 고르기	4급 하
6	일상생활	생활문	유의어 고르기	3급 하
7	사회	대화문	유의어 고르기	3급 중
8	기타	생활문	유의어 고르기	4급 중
9	경제경영	기사	유의어 고르기	4급 하
10	일상생활	대화문	다의어 고르기	3급 중
11	일상생활	생활문	다의어 고르기	3급 상
12	교육	대화문	반의어/반의표현 고르기	4급 하
13	건강	생활문	반의어/반의표현 고르기	4급 중
14	일상생활	대화문	문맥에 알맞은 문법 고르기	3급 하
15	일상생활	대화문	문맥에 알맞은 문법 고르기	3급 중
16	건강	대화문	문맥에 알맞은 문법 고르기	4급 하
17	일상생활	대화문	문맥에 알맞은 문법 고르기	3급 상
18	여가생활	대화문	문맥에 알맞은 문법 고르기	3급 상
19	일상생활	생활문	바른 문장 고르기	4급 하
20	일상생활	대화문	바른 문장 고르기	3급 하
21	일상생활	대화문	바른 문장 고르기	3급 중
22	일상생활	생활문	바른 문장 고르기	3급 상
23	일상생활	대화문	바른 문장 고르기	3급 중
24	교육	대화문	같은 의미 표현 고르기	3급 상
25	일상생활	대화문	같은 의미 표현 고르기	4급 중
26	일상생활	대화문	같은 의미 표현 고르기	4급 상
27	경제경영	대화문	문맥에 알맞은 문법 고르기	3급 하
28	경제경영	대화문	문맥에 알맞은 표현 고르기	3급 상
29	철학	설명문	문맥에 알맞은 어휘/표현 고르기	3급 상
30	철학	설명문	문맥에 알맞은 문법(속담) 고르기	4급 하

일상생활	사회	건강	경제	문화	여가	과학	교육	역사	철학	언어	기타	계
9	1	1	-	-	-	1	1	-	2	-	1	16

문항 번호	주제	텍스트 유형	문항 유형	난이도
31	일생생활	대화문	대화 완성하기	3급 하
32	일상생활	대화문	대화 완성하기	3급 중
33	일상생활	대화문	대화 완성하기	3급 상
34	건강	대화문	대화 완성하기	3급 하
35	일상생활	대화문	같은 의미의 문장 고르기	3급 중
36	일상생활	대화문	같은 의미의 문장 고르기	3급 상
37	일상생활	대화문	잘 또는 잘못 풀어 쓴 것 고르기	3급 중
38	사회	대화문	잘 또는 잘못 풀어 쓴 것 고르기	3급 상
39	교육	기사	글 완성하기	4급 중
40	철학	수필	글 완성하기	4급 하
41	일상생활	생활문	제시어 이용해 문장쓰기	4급 하
42	일상생활	생활문	제시어 이용해 문장쓰기	4급 중
43	기타	기사	글 완성하기	4급 하
44	과학	기사	글 완성하기	4급 상
45	철학	수필	글 완성하기	4급 중
46	일상생활	자유작문	작문하기	4급 상

한국어능력시험

표현(어휘 및 문법, 쓰기)

총 문 항 수 : 60문항

시 험 시 간 : 90분

수험번호(Registration No.)		
이 름 (Name)	한국어(Korean)	
	영　문(English)	

* OMR답안지는 실전 모의고사 3회 뒤에 있습니다.

<h1 style="text-align:center">유 의 사 항
Information</h1>

1. 시험 시작 지시가 있을 때까지 문제를 풀지 마십시오.
   Do not open the booklet until you are allowed to start.

2. 수험표와 이름은 수험표와 같도록 정확하게 적어 주십시오.
   Write your name and registration number on the answer sheet same as on your test voucher.

3. 답안지를 구기거나 훼손하지 마십시오.
   Do not fold the answer sheet; keep it clean.

4. 답안지의 이름, 수험번호 및 정답의 기입은 반드시 컴퓨터용 펜을 사용하여야 하며, 답안의 정정 시 수정테이프의 사용이 가능합니다.
   Use only the optical mark reader(OMR) pen to fill in on the answer sheet. You may use a distributed whiteout to correct the answer sheet.

5. 정답은 답안지에 정확하게 표시하여 주십시오.
   Fill in completely each circle with a clear mark on the answer sheet.

   answer sheet   ① ● ③ ④

6. 문제를 읽을 때에는 소리가 나지 않도록 하십시오.
   Keep quite while answering the questions.

7. 질문이 있을 때에는 손을 들고 감독관이 올 때까지 기다려 주십시오.
   When you have any questions, please raise your hand and wait till the test administrator comes to you.

어휘 및 문법 (1번~30번)

※ [1~5] 다음 ( )에 알맞은 것을 고르십시오. (각 3점)

1. 요즘은 여성의 사회(   )이 활발하다.
   ① 출발   ② 책임   ③ 경력   ④ 진출

2. 우리 사장님은 유난히 저한테만 일을 너무 많이 (   ).
   ① 뺏습니다   ② 시킵니다   ③ 맞춥니다   ④ 고칩니다

3. 어제 본 시험 결과가 (   ) 잠이 오질 않았다.
   ① 곤란해서   ② 신기해서   ③ 무리해서   ④ 궁금해서

4. 현주는 (   )이 좋아서 처음 보는 사람과도 쉽게 친해지는 편이다.
   ① 가능성   ② 강제성   ③ 사교성   ④ 위험성

5. 오늘은 여러분의 날입니다. 오늘만큼은 (   ) 즐기세요.
   ① 아무리   ② 오히려   ③ 이제껏   ④ 마음껏

※ [6~9] 다음 밑줄 친 부분과 의미가 <u>비슷한 것</u>을 고르십시오.

6. 내 동생은 시험만 보면 <u>항상</u> 1등을 독차지한다. (3점)
   ① 가끔   ② 종종   ③ 때때로   ④ 매번

7. 한 가지 문제를 해결하고 나니, 또다시 새로운 문제가 <u>나타났다</u>. (3점)

① 발생했다   ② 실천했다   ③ 발전했다   ④ 전달했다

8. 이것이 <u>일반적</u>으로 사람들이 많이 사용하고 있는 제품입니다. (4점)

① 개성적   ② 계획적   ③ 보편적   ④ 선택적

9. 세계적인 경제 위기를 <u>극복하기</u> 위해 해야 할 일은 무엇인가? (4점)

① 벗어나기   ② 연기하기   ③ 확대하기   ④ 준비하기

※ [10~11] 다음 (   )에 공통적으로 들어갈 동사를 고르십시오.

10. (3점)

이곳에서는 택시를 (   ) 어려워요.
결혼 날짜는 언제로 (   ) 좋을까요?
내 손을 꼭 (   ) 어머니의 손은 따뜻했다.

① 타다   ② 쥐다   ③ 잡다   ④ 정하다

11. (4점)

사람은 언제나 (   ) 살아야 한다.
새로 (   ) 벽지가 아직 마르지 않았다.
밤마다 화장품을 열심히 (   ) 피부가 좋아졌다.

① 바르다   ② 붙이다   ③ 치우다   ④ 맞추다

※ [12~13] 다음 밑줄 친 부분과 의미가 <u>반대</u>인 것을 고르십시오.

12. 구구단을 <u>복잡하게만</u> 생각하지 말고 숫자놀이라고 생각하면 쉬워요. (3점)

    ① 신중하게만   ② 조급하게만   ③ 동일하게만   ④ 단순하게만

13. 컴퓨터를 장시간 사용하면 건강에 <u>해롭다</u>. (4점)

    ① 아깝다   ② 이롭다   ③ 충분하다   ④ 부족하다

※ [14~18] 다음 (　　)에 알맞은 것을 고르십시오.

14. (3점)

가: 여기서 학교까지 어떻게 가요? 나: 십 분 정도 ＿＿＿＿ 역 앞에서 마을버스를 타면 돼요.

    ① 가고도   ② 가보니   ③ 가지만   ④ 가다가

15. (3점)

가: 밥 다 먹었으면 후식으로 아이스크림 먹으러 가자! 나: 좋아. 배가 ＿＿＿＿ 아이스크림은 꼭 먹어야 해.

    ① 부르면   ② 부르던   ③ 불러도   ④ 불러야

16. (4점)

가: 요즘은 운동을 열심히 하는 사람들이 많은 것 같아요.
나: 사람들이 건강에 대한 관심이 ___________ 그런 것 같아요.

① 높아졌기는커녕   ② 높아졌기 때문에
③ 높아졌을뿐더러   ④ 높아졌기보다는

17. 책 _____ 읽어보지 않았는데 합격할 생각을 하면 안 됩니다. (3점)

① 까지   ② 치고   ③ 조차   ④ 만큼

18. (3점)

가: 수정 씨는 휴가 때 어디에 가고 싶으세요?
나: 저는 경치가 ______________ 맛있는 음식이 많은 제주도에 가고 싶어요.

① 아름다운 것이 아니라   ② 아름다운 쪽이 아니라
③ 아름다운 편이 아니라   ④ 아름다울 뿐만 아니라

※ [19~23] 다음 밑줄 친 부분이 맞는 것을 고르십시오.

19. (4점)

① 냉동실에 있는 얼음을 꺼내서 상온에 <u>녹았다</u>.
② 이른 아침부터 엄마는 늦잠 자는 아들을 <u>깨웠다</u>.
③ 밤늦게까지 무서운 이야기를 해서 동생을 <u>울었다</u>.
④ 나무꾼은 사냥꾼에게 쫓기는 토끼를 방 안에 <u>숨었다</u>.

20. (3점)

　　① 그 많은 숙제를 <u>제법</u> 다 했다니 부러워요.
　　② <u>이미</u> 시간이 많지 않더라도 열심히 하세요.
　　③ 저는 <u>아직</u> 커피를 마셨으니까 안 주셔도 됩니다.
　　④ 십 년을 넘게 고생해서 <u>겨우</u> 집 한 채를 장만했어요.

21. (3점)

　　① 이거 지나가다 맛있어 <u>보이거든</u> 사왔어.
　　② 서둘러 집을 <u>나오기에</u> 열쇠를 놓고 왔어요.
　　③ 하늘이 계속 흐리더니 비가 막 <u>쏟아지려고</u> 해요.
　　④ 여름이 되니까 날씨가 하루가 <u>다르도록</u> 더워져요.

22. (3점)

　　① 너무 피곤해서 옷을 <u>입은 채로</u> 잠이 들었다.
　　② 길동아! <u>빨래하는 바에</u> 내 옷도 같이 빨아줘.
　　③ 그 여자는 나를 보고 <u>아는 편도</u> 하지 않고 지나갔다.
　　④ 당신과 내가 함께 <u>늙어가는 겸에</u> 숨길 것이 뭐가 있겠어?

23. (3점)

　　① 그 사람을 만나지 <u>않더라면</u> 좋았을 텐데.
　　② 내가 똑같이 <u>나눠줄 테니까</u> 두 사람 싸우지 마.
　　③ 어제 술을 한 잔 <u>마시더니</u> 머리도 아프고, 어지러워요.
　　④ 구두굽이 <u>부러질데다가</u> 다리까지 다쳐서 움직일 수가 없어요.

※ [24~26] 다음 밑줄 친 부분과 바꾸어 쓸 수 있는 것을 고르십시오.

24. (3점)

> 가: 시험에서 좋은 결과를 얻으려면 어떻게 해야 할까요?
> 나: 시험의 결과는 <u>공부하는 만큼</u> 나오는 법이야.

① 공부하는 대신   ② 공부하는 정도
③ 공부하는 반면   ④ 공부하는 대로

25. (4점)

> 가: 아버지, 저는 변호사보다는 가수가 되고 싶습니다.
> 나: 네가 무엇을 <u>하거나 말거나</u> 난 이제 상관하지 않겠다.

① 할락 말락   ② 하든지 말든지
③ 하는 둥 마는 둥   ④ 하는 듯 마는 듯

26. (4점)

> 가: 여기까지 먼 길 오느라고 많이 피곤했지요?
> 나: 오는 사이 <u>줄곧</u> 잠만 자서 하나도 안 피곤해요.

① 마침   ② 주로   ③ 내내   ④ 특히

※ [27~28] 다음 글을 읽고 물음에 답하십시오.

가: 이번 방학 (㉠) 아르바이트를 하려고 하는데 어떤 일을 하면 좋을까?
나: 나는 지난 방학에 식당에서 아르바이트를 했는데 힘들었지만 즐거웠어.
가: 음…… 식당은 (㉡) 나랑 맞지 않을 것 같아.
나: 그럼 주유소는 어때?

27. ㉠에 알맞은 것을 고르십시오. (3점)

   ① 동시에   ② 대신에   ③ 순간에   ④ 동안에

28. ㉡에 알맞은 것을 고르십시오. (4점)

   ① 아무리   ② 아무래도   ③ 어쩌다가   ④ 얼마든지

※ [29~30] 다음 글을 읽고 물음에 답하십시오.

웃음은 모두를 기분 좋게 하고, 몸도 건강하게 합니다. (㉠)라는 말처럼 많이 웃는 사람은 병도 잘 (㉡) 합니다. 좋은 일이 있어서 웃는 것이 아니라 웃어야 좋은 일이 생깁니다. 그러니까 많이 웃으며 삽시다.

29. ㉠에 알맞은 것을 고르십시오. (3점)

   ① 웃으면 복이 온다
   ② 아는 길도 물어가라
   ③ 호랑이도 제 말하면 온다
   ④ 웃는 얼굴에 침 못 뱉는다

30. ㉡에 알맞은 것을 고르십시오. (4점)

   ① 걸리지 않는다고   ② 걸릴 수는 없다고
   ③ 걸릴 수도 없다고   ④ 걸려서는 안 된다고

쓰기 (31번~46번)

※ [31-34] 빈칸에 가장 알맞은 것을 고르십시오. (각 4점)

31.

가: 다음 주가 시험이라면서요?

나: 네, 그런데 _________ 걱정이에요.

① 볼 책만 많겠지만
② 볼 책이 많더라도
③ 공부를 많이 못해서
④ 공부를 많이 하고자

32.

가: 민희 씨, 가방이 참 예쁘네요!

나: 고마워요. 언니가 _________ 저도 아주 마음에 들어요.

① 생일 선물을 사줬지만
② 생일 선물로 사줬는데
③ 생일 선물만 사줬어도
④ 생일 선물을 사주면서

33.

> 가: 지연 씨는 뭐든지 열심히 하는 것 같지 않아요?
>
> 나: 저번 발표 때도 ___________.

① 칭찬을 많이 해 줄게요
② 칭찬을 듣고 싶었거든요
③ 준비를 아주 잘했더군요
④ 준비만 많이 한다고 해요

34.

> 가: 살이 좀 빠지신 것 같네요?
>
> 나: 그래요? __________ 그런가 봐요.

① 요즘 운동을 하지만
② 최근 운동이 부족한 듯
③ 최근 운동이 유행인데도
④ 요즘 운동을 많이 했더니

※ [35~36] 밑줄 친 부분을 같은 의미로 바꾸어 쓴 것을 고르십시오. (각 4점)

35.

가: 무슨 좋은 일 있으신가 봐요?

나: 마흔 넘은 딸이 마침내 <u>시집을 가거든요</u>.

① 결혼을 하거든요
② 결혼 안 하거든요
③ 결혼을 미뤘거든요
④ 결혼식에 가거든요

36.

가: 저 건물 아주 멋지다!

나: 어머, 위험해! 운전할 때 <u>한눈팔면</u> 안 돼.

① 다른 곳을 보면
② 다른 곳에 가면
③ 한 쪽 눈을 뜨면
④ 한 쪽 눈을 감으면

37.

도서관 사물함 신청

▶ 신청기간: 8월 10일(월)~8월 12일(수) 13:00~17:00
▶ 신청 장소: 도서관 안내실
▶ 신청 및 선정방법: 신청서 제출 후 추첨
▶ 결과발표: 8월 24일 (월) 열람실 게시판 공지
▶ 사용기간: 선발일~2010년 2월 10일

도서관에서 이번 학기 사물함 신청을 받습니다.
① 신청 기간은 3일이고 오전에만 신청서 제출이 가능합니다. ② 선정방법은 추
첨을 통해 이루어지며 ③ 선정되신 분은 홈페이지를 통해 공지합니다. ④ 사용기
간은 2009년 8월 24일부터 2010년 2월 10일까지입니다.

38.

언론 학교 강좌 안내

▶ 대상: 관심 있는 시민 누구나
▶ 모집기간: 9월 21일까지
▶ 강좌기간: 9월 22일~10월 22일(매주 화, 목) 저녁 7시
▶ 수강료: 10만 원
▶ 환불 규정: 9월 21일까지 취소 시 수강료 전액 환불, 강의 시작 당일부터는 환
　　　　　　불 불가
* 수료규정: 강좌 70% 이상 출석 시 수료 인정

언론 학교에서 신문, 방송 등 언론에 관심 있는 분들을 위한 강좌를 개설합니다.
① 언론계에서 일하고 있는 분이면 누구나 참여하실 수 있습니다. ② 9월 21일부
터 신청하실 수 있고 ③ 강좌가 시작된 후에는 수강료를 돌려드리지 않습니다.
④ 강의를 반 이상 출석할 경우에만 수료를 인정합니다. 시민 여러분의 많은 참
여 부탁드립니다.

※ [39~40] (   )에 가장 알맞은 표현을 고르십시오. (각 4점)

39.

> 부모가 불안해하거나 자주 화를 내면 자녀들도 정서적으로 불안을 느끼게 되고 부모 눈치를 보게 된다. 특히 부부사이 또는 다른 사람들과 문제가 생겼을 때 자녀들에게 화풀이를 하게 될 경우 자녀들은 억울함과 분노를 느끼게 되고 부모를 멀리하게 된다. 올바른 자녀교육에 성공하려면 부모는 항상 자녀들에게 (   ) 노력해야 할 것이다.

① 분노를 모두 표현할 수 있도록
② 편안한 모습을 보여줄 수 있도록
③ 불안한 모습을 보여줄 수 있도록
④ 상대의 기분을 맞춰줄 수 있도록

40.

> 다른 사람을 돕는 일은 그렇게 어려운 일이 아니다. 그러나 사람들은 항상 자신이 돈도 없고, 시간도 없고, 여유도 없다고 말한다. 열심히 돈을 모으고 성공을 한다고 해도 자기 자신만을 위해 사는 인생은 행복하지 못할 것이다. 자기만을 위해서 사는 인생보다 (   ) 행복하지 않을까?

① 다른 사람을 도우며 사는 것이
② 다른 사람에게 도움을 청하는 것이
③ 다른 사람만을 위한 인생을 사는 것이
④ 다른 사람의 도움을 받기만 하는 것이

※ [41~42] 제시된 표현을 순서대로 <u>모두</u> 사용해 한 문장으로 쓰십시오. (각 6점)

41.

사람을 만나다 / 친절하게 말하다 / 기분이 좋다

42.

책을 읽다 / 운전을 하지 않다 / 지하철을 타다

※ [43~45] 다음 글을 읽고 (   )에 알맞은 말을 쓰십시오. (각 6점)

43.

> 어릴 때의 꿈이 어른이 되어서 그대로 이루어진다면 어떨까? 한 조사에 따르면 어
> 렸을 때 희망했던 직업을 가진 직장인이 업무에 있어서도 만족도가 높다고 한다.
> (   )을 하는 사람은 자신의 적성과 흥미에 맞는 일을 할 가능성이 높
> 기 때문이다.

44.

> 인간의 기억력에는 한계가 있기 때문에 들은 것을 모두 기억할 수 없다. 따라서 언
> 제나 수첩을 갖고 다니면서 메모하는 습관을 갖는 것이 좋다. 유익한 정보를 들을
> 때나 수업 중에 자신에게 필요한 내용을 바로 바로 적어놓으면 나중에 큰 도움이
> 될 수도 있다. 이렇게 메모를 잘 해두면 지식을 저장하고 필요할 때 언제든 다시
> (   ) 편리함을 누릴 수 있을 것이다.

45.

> 현재와 다른 삶을 살고 싶다면 마음까지도 바꿔야 할 것이다. 마음을 넓게 가지면
> 넓은 세상에 살고 좁게 가지면 좁은 세상에 살게 된다. 또 생각이 긍정적인가 부정
> 적인가에 따라서 사는 모습이 달라진다. '모든 일은 마음먹기에 달렸다'는 말처럼
> 마음을 어떻게 먹느냐에 따라 삶은 (   ) 것이다.

※ 다음을 읽고 400~600자로 글을 쓰십시오. (30점)

46. '내가 가장 가보고 싶은 나라(장소)' 라는 제목으로 글을 써 보십시오. 단, 아래에
제시된 내용이 모두 포함되어야 합니다.

가보고 싶은 나라(장소), 가보고 싶은 이유, 가서 해보고 싶은 것

※ 원고지 쓰기의 예

| | 동 | 물 | 들 | 은 | | 거 | 울 | 에 | | 비 | 친 | | 자 | 신 | 의 | | 모 | 습 | 을 |
| 다 | 른 | | 동 | 물 | 로 | | 여 | 긴 | 다 | . | 고 | 양 | 이 | 는 | | | 거 | 울 | 속 |

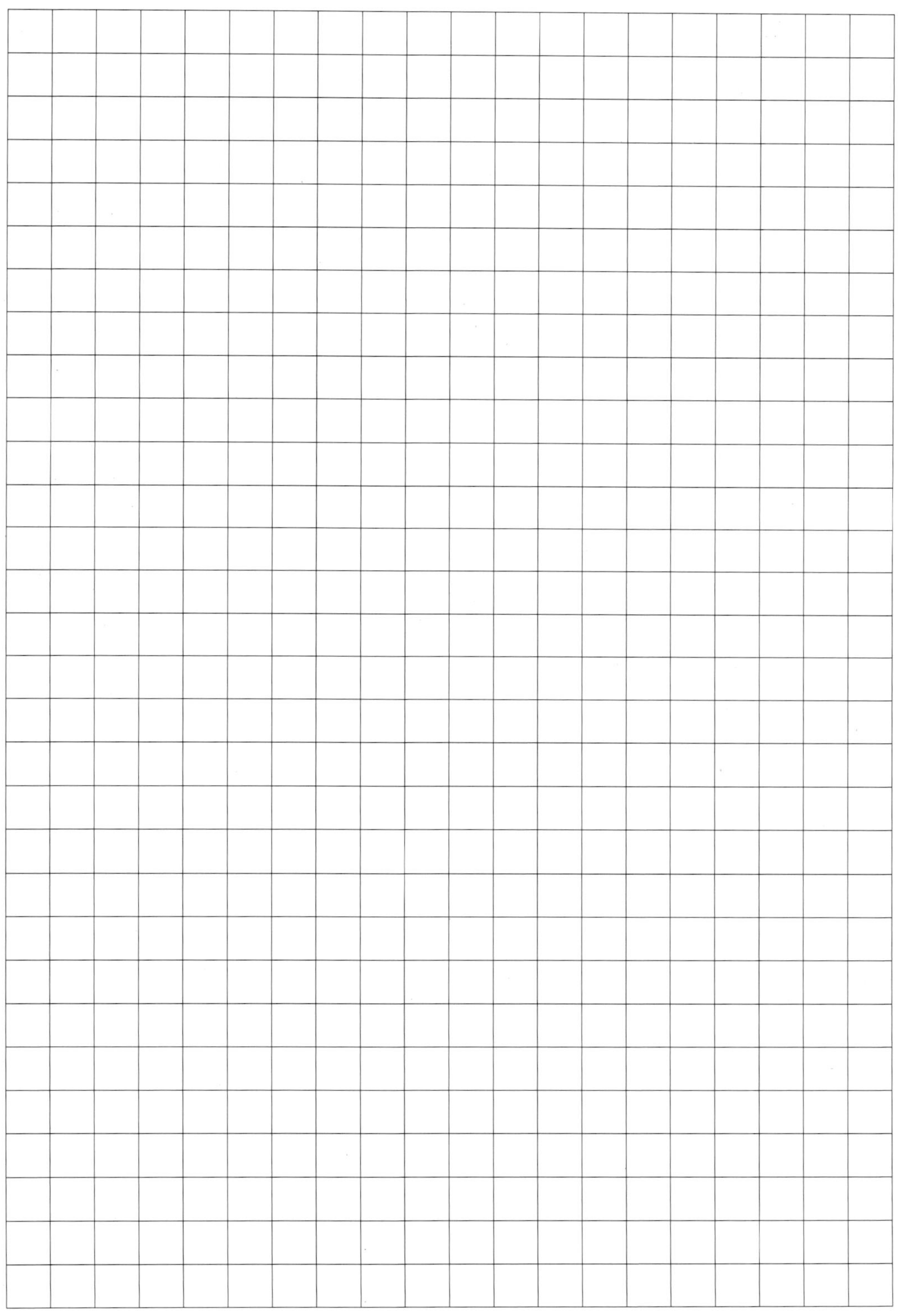

주관식 답란(Answer Sheet For Composition)

46	아래의 빈칸에 400자에서 600자 이내로 작문하시오(띄어쓰기 포함).

30
60
90
120
150
180
210
240
270
300
330
360
390
420
450
480
510
540
570
600

한국어능력시험
일반한국어[S-TOPIK] 답안지
중급
1교시(어휘 및 문법, 쓰기)

이 름 (Name)	한 국 어 (Korean)	
	영 어 (English)	

수험번호(Registration No.)

문번	답 란	문번	답 란	문번	답 란	문번	답 란
1	① ② ③ ④	11	① ② ③ ④	21	① ② ③ ④	31	① ② ③ ④
2	① ② ③ ④	12	① ② ③ ④	22	① ② ③ ④	32	① ② ③ ④
3	① ② ③ ④	13	① ② ③ ④	23	① ② ③ ④	33	① ② ③ ④
4	① ② ③ ④	14	① ② ③ ④	24	① ② ③ ④	34	① ② ③ ④
5	① ② ③ ④	15	① ② ③ ④	25	① ② ③ ④	35	① ② ③ ④
6	① ② ③ ④	16	① ② ③ ④	26	① ② ③ ④	36	① ② ③ ④
7	① ② ③ ④	17	① ② ③ ④	27	① ② ③ ④	37	① ② ③ ④
8	① ② ③ ④	18	① ② ③ ④	28	① ② ③ ④	38	① ② ③ ④
9	① ② ③ ④	19	① ② ③ ④	29	① ② ③ ④	39	① ② ③ ④
10	① ② ③ ④	20	① ② ③ ④	30	① ② ③ ④	40	① ② ③ ④

※이곳은 기재하지 마시오.
Do not mark in this part.

주관식 점수 표기란

문번	점 수
41	⓪ ① ② ③ ④ ⑤ ⑥ ⑦ ⑧ ⑨
42	⓪ ① ② ③ ④ ⑤ ⑥ ⑦ ⑧ ⑨
43	⓪ ① ② ③ ④ ⑤ ⑥ ⑦ ⑧ ⑨
44	⓪ ① ② ③ ④ ⑤ ⑥ ⑦ ⑧ ⑨
45	⓪ ① ② ③ ④ ⑤ ⑥ ⑦ ⑧ ⑨
46	① ② ③ ⓪ ① ② ③ ④ ⑤ ⑥ ⑦ ⑧ ⑨

※주관식 문항 채점자 확인 （인）

주관식 답란	
41	
42	
43	
44	
45	

※답안지 표기 방법(Marking Examples)

바른 방법(Correct)	바르지 못한 방법(Incorrect)
●	⊘ ⊙ ① ⊗

※결 시 확인란	결시자의 영어 성명 및 수험번호 기재 후 표기	◯
※감독관 확 인	본인확인 및 수험번호 표기가 정확한지 확인	◯

※46번 답은 뒷면에 작성하시오

※이 답안지는 연습용 모의답안지입니다.

주관식 답란(Answer Sheet For Composition)

46	아래의 빈칸에 400자에서 600자 이내로 작문하시오(띄어쓰기 포함).

한국어능력시험
일반한국어[S-TOPIK] 답안지
중급
1교시(어휘 및 문법, 쓰기)

이 름 (Name)	한 국 어 (Korean)	
	영 어 (English)	

수험번호(Registration No.)

※답안지 표기 방법(Marking Examples)

바른 방법(Correct)	바르지 못한 방법(Incorrect)
●	⊗ ⊙ ◑ ⊠

※결 시 확인란	결시자의 영어 성명 및 수험번호 기재 후 표기	○
※감독관 확 인	본인확인 및 수험번호 표기가 정확한지 확인	○

문번	답 란	문번	답 란	문번	답 란	문번	답 란
1	① ② ③ ④	11	① ② ③ ④	21	① ② ③ ④	31	① ② ③ ④
2	① ② ③ ④	12	① ② ③ ④	22	① ② ③ ④	32	① ② ③ ④
3	① ② ③ ④	13	① ② ③ ④	23	① ② ③ ④	33	① ② ③ ④
4	① ② ③ ④	14	① ② ③ ④	24	① ② ③ ④	34	① ② ③ ④
5	① ② ③ ④	15	① ② ③ ④	25	① ② ③ ④	35	① ② ③ ④
6	① ② ③ ④	16	① ② ③ ④	26	① ② ③ ④	36	① ② ③ ④
7	① ② ③ ④	17	① ② ③ ④	27	① ② ③ ④	37	① ② ③ ④
8	① ② ③ ④	18	① ② ③ ④	28	① ② ③ ④	38	① ② ③ ④
9	① ② ③ ④	19	① ② ③ ④	29	① ② ③ ④	39	① ② ③ ④
10	① ② ③ ④	20	① ② ③ ④	30	① ② ③ ④	40	① ② ③ ④

※이곳은 기재하지 마시오.
Do not mark in this part.

주관식 점수 표기란

문번	점 수
41	⓪ ① ② ③ ④ ⑤ ⑥ ⑦ ⑧ ⑨
42	⓪ ① ② ③ ④ ⑤ ⑥ ⑦ ⑧ ⑨
43	⓪ ① ② ③ ④ ⑤ ⑥ ⑦ ⑧ ⑨
44	⓪ ① ② ③ ④ ⑤ ⑥ ⑦ ⑧ ⑨
45	⓪ ① ② ③ ④ ⑤ ⑥ ⑦ ⑧ ⑨
46	① ② ③ ⓪ ① ② ③ ④ ⑤ ⑥ ⑦ ⑧ ⑨

※주관식 문항 채점자 확인	(인)

주관식 답란	41	
	42	
	43	
	44	
	45	

※46번 답은 뒷면에 작성하시오

※이 답안지는 연습용 모의답안지입니다.

주관식 답란(Answer Sheet For Composition)

아래의 빈칸에 400자에서 600자 이내로 작문하시오(띄어쓰기 포함).

46

한국어능력시험
일반한국어[S-TOPIK] 답안지
중급
1교시(어휘 및 문법, 쓰기)

이 름 (Name)	한 국 어 (Korean)	
	영 어 (English)	

수험번호(Registration No.)

문번	답 란	문번	답 란	문번	답 란	문번	답 란
1	① ② ③ ④	11	① ② ③ ④	21	① ② ③ ④	31	① ② ③ ④
2	① ② ③ ④	12	① ② ③ ④	22	① ② ③ ④	32	① ② ③ ④
3	① ② ③ ④	13	① ② ③ ④	23	① ② ③ ④	33	① ② ③ ④
4	① ② ③ ④	14	① ② ③ ④	24	① ② ③ ④	34	① ② ③ ④
5	① ② ③ ④	15	① ② ③ ④	25	① ② ③ ④	35	① ② ③ ④
6	① ② ③ ④	16	① ② ③ ④	26	① ② ③ ④	36	① ② ③ ④
7	① ② ③ ④	17	① ② ③ ④	27	① ② ③ ④	37	① ② ③ ④
8	① ② ③ ④	18	① ② ③ ④	28	① ② ③ ④	38	① ② ③ ④
9	① ② ③ ④	19	① ② ③ ④	29	① ② ③ ④	39	① ② ③ ④
10	① ② ③ ④	20	① ② ③ ④	30	① ② ③ ④	40	① ② ③ ④

※이곳은 기재하지 마시오.
Do not mark in this part.

주관식 점수 표기란

문번	점 수
41	⓪ ① ② ③ ④ ⑤ ⑥ ⑦ ⑧ ⑨
42	⓪ ① ② ③ ④ ⑤ ⑥ ⑦ ⑧ ⑨
43	⓪ ① ② ③ ④ ⑤ ⑥ ⑦ ⑧ ⑨
44	⓪ ① ② ③ ④ ⑤ ⑥ ⑦ ⑧ ⑨
45	⓪ ① ② ③ ④ ⑤ ⑥ ⑦ ⑧ ⑨
46	① ② ③ ⓪ ① ② ③ ④ ⑤ ⑥ ⑦ ⑧ ⑨

※주관식 문항 채점자 확인　　(인)

※답안지 표기 방법(Marking Examples)

바른 방법(Correct)	바르지 못한 방법(Incorrect)
●	⊗ ⊙ ◑ ⊠

※결 시 확인란	결시자의 영어 성명 및 수험번호 기재 후 표기	○
※감독관 확 인	본인확인 및 수험번호 표기가 정확한지 확인	○

주 관 식 답 란	41	
	42	
	43	
	44	
	45	

※46번 답은 뒷면에 작성하시오

※이 답안지는 연습용 모의답안지입니다.

기출문제 1회 1번 모범답안 & 풀이　　　　　　　　　　　　　　　　　　P.226

[모범답안]

내가 초등학교 3학년 때의 일이다. 나의 담임선생님은 오십이 넘으신 그 당시로는 할아버지 선생님이셨다. 3학년에 올라갔을 때 멋있거나 예쁜 선생님을 기대했다가 선생님을 보고 그만 실망을 했다. 어린이날 운동회 때 나는 '쪽지 보고 달리기'를 했다. 쪽지에 적힌 내용은 '아버지 손잡고 달리기'였다. 사실 나는 일곱 살 때 아버지가 돌아가셨기 때문에 날 많이 당황할 수밖에 없었다. <u>바로 그때 쪽지를 들고 가만히 서 있는 나에게 선생님이 달려오셨다. 그리고 내손을 꼭 잡고 뛰기 시작하셨다.</u> 나는 놀랐지만 다른 생각을 할 사이도 없이 뛸 수밖에 없었다. 우리는 열심히 달렸고, 그리고 1등을 했다. 앞에서 기다리고 있던 내 어머니께 선생님이 이렇게 말씀하셨다. "오늘은 제가 수영이 아버지입니다." 선생님의 그 따뜻한 목소리에 내 눈에서는 눈물이 비 오듯 흘렀다. <u>아버지가 너무나 그리울 때였기 때문에 선생님의 그 행동은 지금까지도 나에게 잊을 수 없는 추억이 되었다. 나는 돌아가신 아버지가 보고 싶을 때마다 그 때 내손을 꼭 잡고 계시던 선생님의 모습이 떠오른다.</u>

[풀이]

모범답안은 밑줄 친 부분과 같이 지시문에서 제시한 세 가지를 모두 균형 있게 포함하고 있는 것으로 보아 문제의 지시 사항을 잘 파악하고 있고, 구성 면에서도 적절한 글이다. 글 전체 분량도 원고지 500자 정도로 적당하다.

[예시작문]

사람마다 잘못할 경우가 있을것이다. 잘못해 본적이 없다고 하는 것이 거짓말이라 생각된다. 자기가 잘못 했으면 잘못했다고 사과도 하고 책임져야 사람답다. 이세상에 완벽한 사람 없듯이 나도 잘못한 경우가 있었다. 초등학교 다녔을때 내가 아주 소중한 선생님께 실수로 잘못했다. 그 선생님이 바로 나의 수학 개인 과외 선생님이다.

그 선생님이 아주 엄격하고 호랑이같은 선생님이시다. 시간을칼듯이 지키는 분이다. 어느날 나는 공부 때문에 눈코뜰세 없이 바쁘니고 그날이 무슨 수업이 있는지 모를정도 였다. 그때 수학 선생님이 과외하러 우리집에 오셨다. 나는 솔직히 그때 수학 선생님을 싫어했다. 그러므로 수업하기 싫어서 오늘 선생님 수업이 아닌데 왜 오셨냐고 화가난 목소리로 했다. 처음에는 선생님이 내가 시간 잘못 기억하고 있다고 설명해졌는데 나는 공부하기 싫어서 계속 아니라고 큰소리도치면서 화를 냈다. 내가 계속 싫은 모습으로 했으니까 선생님도 자존심 상해서 나한테 "너는 내 제자 아니다. 더이상 너에게 가르쳐 필요없다"고 말하면서 나가셨다. 선생님 나간 후에 집에 계신 엄마도 나한테 꾸중하고 나는 내가 잘못했다는 걸 알게 됐다. 그러니까 선생님 뒤로따라 가서 무릎을 끌고 계속 사과 했다. 두시간 동안 계속 사과하고 울은 끝에 선생님 한테서 용서한다 라는 말을 듣게 되었다. 그때 선생님 한테서 들었던 내 잘못을 용서하다는 말이 얼마나 소중한지 알게 됐다. 그럼으로 누구든지 잘못했으면 자기잘못을 알고 사과하는 것이 바람직한 것이다.

[풀이]

예시작문은 문제에서 지시한 세 가지 사항을 모두 균형 있게 포함하고 있는 것으로 보아 문제의 지시 사항을 잘 파악하고 있고, 구성 면에서도 적절한 글이다. 사건의 전 후 관계를 적절하게 연결하고 있으며, 글의 시작과 끝 또한 자연스럽다. 표현에 있어서도, 대체적으로 자신의 경험과 생각에 대하여 말하고자 하는 내용이 잘 전달되도록 적절하게 표현하고 있다. 특히, '눈코 뜰 사이 없다(예시작문: 눈코뜰세 없이 바쁘니고)'등과 같은 관용 표현을 사용하여 효과적으로 표현하고 있다. 시간 표현도 '내가 계속 싫은 모습으로 했으니까(→하니까)'에서와 같이 일부 잘못 사용한 곳이 있지만 대체적으로 알맞게 사용하고 있다.

'시간을 칼듯이'(→'시간을 칼같이')와 같이 잘못된 표현을 사용하거나, '설명해졌는데'(→'설명해 주셨는데')와 같은 높임표현, '그러므로, 그러니까'와 같은 연결 표현, 맞춤법과 띄어쓰기 등의 오류가 있고, 글의 분량도 약 750자 정도로 문제에서 요구한 분량을 넘었다는 점이 감점의 요인이 될 가능성이 있겠으나, 전체적으로 지시 사항에 맞추어 잘 구성한 글이다.

* 실제 TOPIK 중급 학습자의 작문 자료입니다.

NO. 1

　사람마다 잘못할 경우가 있을 것이다. 잘못해 본 적이 없다고 하는 것이 거짓말이라 생각된다. 자기가 잘못 했으면 잘못했다고 사과도 하고 책임져야 사람답다. 이 세상에 완벽한 사람 없듯이 나도 잘못한 경우가 있었다. 고등학교 다녀을때 내가 아주 소중한 선생님께 실무료 잘못했다. 그 선생님이 바로 나의 수학 개인 과외 선생님이다.

　그 선생님이 아주 엄격하고 호랑이같은 선생님이신다. 시간을 칼 같이 지키는 분이다. 어느날 나는 공부 때문에 눈코 뜰세 없이 바쁘니고 그 날이 무슨 수업이 있는지 모를정도 였다. 그 때 수학 선생님이 과외하러 우리집에 오셨다. 나는 솔직히 그때 수학 선생님을 싫어했다. 그러므로 수업하기 싫어서 오늘 선생님 수업이 아닌데 왜 오셨냐고 화가 난 목소리로 했다. 처음에는 선생님이

내가 시간 잘못 기억하고 있다고 설명
해졌는데 나는 공부하기 싫어서 계속
아니라고 큰소리도치면서 화를 낸다. 내
가 계속 싫은ㅁ 모습으로 했으니까 선생
님도 자존심 상해서 나한테 "너는 내
제자 아니다. 더이상 너에게 가르쳐 필
요없다"고 말하면서 나가셨다. 선생님
나간 후에 집에 계신 엄마도 나한테
꾸중하고 나는 내가 잘못했다는 걸 알
게 됐다. 그러니까 선생님 뒤로 따라 가
서 무릎을 끌고 계속 사과 했다. 두시
간 동안 계속 사과하고 울은 끝에 선
생님 한테서 용서한다 라는 말을 듣게
되었다. 그때 선생님 한테서 들었던 내
잘못을 용서하다는 말이 얼마나 소중한
지 알게 됐다. 그럼으로 누구든지 잘못
했으면 자기 잘못을 알고 사과하는 것이
바람직한 것이다.

[모범답안]

10년 후에 나는 어떤 모습일까? 나는 그 때 서른 살이 된다. 나는 그동안 한국어를 열심히 공부해서 한국어가 아주 유창할 것이다. 그리고 유창한 한국어 실력을 인정받아 ○○회사의 한국 지사에서 일하고 있을 것이다. 나는 한국에 우리 회사 제품이 얼마나 팔리는지에 대해 조사하고 한국 소비자들이 어떤 제품을 선호하는지 분석하는 일을 하고 있을 것이다.

　나는 아주 즐거운 마음으로 이 일을 할 것이다. 무엇보다 이 일이 나의 적성에 잘 맞는다. 또 우리나라에 있는 본사로 출장을 자주 가니까 부모님과 친구들도 자주 만날 수 있어 좋다. 이렇게 두 나라를 오가면서 일하다보면 내가 한국과 우리나라를 위해 뭔가 하고 있다는 생각에 나 자신이 자랑스러울 것 같다.

　이것이 내가 바라는 10년 후의 나의 모습이다. 나는 이런 나의 꿈을 위해 열심히 한국어를 공부하고 있다. 그리고 곧 한국에 있는 대학교에 입학하여 국제 무역에 대한 공부를 할 예정이다. 기회가 된다면 한국의 사정도 알 겸 경험도 쌓을 겸해서 한국 회사에서 아르바이트도 해 보고 싶다. 10년 후의 나의 모습이 기대된다.

[풀이]

모범답안은 밑줄 친 부분과 같이 지시한 세 가지 사항을 모두 균형 있게 포함하고 있는 것으로 보아 문제의 지시 사항을 잘 파악하고 있고, 구성 면에서도 적절한 글이다. 글 전체분량도 원고지 약 520자 정도의 적당한 분량이다.

[예시작문]

세상에 있는 모든 사람들한테 소중한 것이 있다. 그래서 나도 사춘기때 다른 사람들처럼 소중한 것이 있는지 생각해 봤는데 분명하지 않았다. 지금은 사춘기도 지났고 한국에 혼자 유학해 보니까 나한테 가장 소중한 것을 알게 됐다. 그 소중한 것은 바로 가족이다. "가족"이라는 단어는 깊이 생각하지 않으면 아무렇지도 않는데 깊이 생각해 봐면 아주 따뜻한데다가 소중한 것이라고 느낄 수 있다. 나도 처음에 가족이 그렇게 중요하고 소중한 줄 몰랐다. 그런데 한국에서 혼자 살다 보니까 외롭고 힘든 것을 경험 해보고 가족과 함께 살았을때와 차이가 많은 줄 알게 됐다. 예를 들면, 아플때 가족과 함께 있으면 엄마나 아빠가 잘해준다. 외국에서 아프면 스스로 약을 먹어야 하고 가족처럼 잘해준 사람이 없다. 그래서 나는 한국에서 몸이 아플때 병때문에 아픈것보다 마음이 아프게 된다. 그리고 문제가 생겨도 가족이 있으면 함께 풀려 줄 수있기 때문에 마음이 편한다. 또 내가족이야 말로 서로 위로하고 행복하게 살아가고 있으니까 나한테는 가족이 다른 것보다 중요하다. 그런데 가족 관계가 좋지 않는 사람들이 "가족"이 별로 중요하지 않다고 생각할 수도 있다. 그렇지만 나한테 가족이 없으면 나도 이 세상에서 살아갈 수 없는 것같다. 그렇게 내 인생에서 소중한 가족과 함께 행복하게 살기 위해서 나는 열심히 노력해야 한다. 또한 부모님 원한대로 되도록 열심히 공부해서 자기 나라로 돌아가서 유명한 사람이 되도록 해야한다. 마지막으로 "가족"이 행복하게 살기 위한 가장 중요한 것인 서로 이해하고 도와주는 가족이 되도록 노력해야 한다고 생각한다.

[풀이]

예시작문은 '소중한 것'이 무엇이며 그것이 소중한 이유에 대해 구체적인 예를 들어 설명하고 있다. 그런데 문제의 세 번째 지시 사항인 '소중한 것을 지키기 위해서 하고 있는 노력'에 대해서는 현재 하고 있는 노력 대신 앞으로 어떻게 해야 하는지에 대해 이야기하고 있다. 글의 구성은 자연스럽고 적절하지만, 문제의 지시 사항 중 일부를 포함하지 않고 있다는 것이 아쉬운 부분이다.

표현에 있어서는, 대체적으로 자신의 경험과 생각에 대하여 말하고자 하는 내용이 잘 전달되도록 적절하게 표현하고 있다. 자신의 생각에 대한 근거를 실제 경험을 예로 들어 설명하고 있다는 점이 돋보인다. 시간 표현이나 문장의 끝 부분에 있어서도 '마음이 아프게 되다(→된다)', '마음이 편한다(→편하다)' 등과 같이 잘못 사용하고 있는 부분이 있지만 대체적으로 과거의 경험과 생각에 대한 표현을 잘 구분하여 알맞게 사용하고 있는 편이다.

'……아무렇지도 않는데(→않은데) 깊이 생각해 봐면(→보면)'이나 '……부모님 원한대로(→원하는 대로) 되도록', '함께 풀려(→풀어) 줄 수있기 때문에' 등과 같은 잘못된 표현과 띄어쓰기 등에서 오류가 있고, 문제에서 요구한 분량보다 많아 감점 요인이 될 가능성이 있지만 대체적으로 생각을 적절하게 표현하고 있다. 맞춤법의 경우도 비교적 정확한 편이다. 분량에 있어서는 문제에서 지시한 400~600자를 넘는 분량으로 조정이 필요한 부분이다.

* 실제 TOPIK 중급 학습자의 작문 자료입니다.

NO. 1

세상에 있는 모든 사람들한테 소중한 것이 있다. 그래서 나도 사춘기때 다른 사람들처럼 소중한 것이 있는지 생각해 봤는데 분명하지 않았다. 지금은 사춘기도 지났고 한국에 혼자 유학해 보니까 나한테 가장 소중한 것을 알게 됐다. 그 소중한 것은 바로 가족이다. "가족"이라는 단어는 깊이 생각하지 않으면 아무렇지도 않는에 깊이 생각해 보면 아주 따뜻한데다가 소중한 것이라고 느낄 수 있다. 나도 처음에 가족이 그렇게 중요하고 소중한 줄 몰랐다. 그런데 한국에서 혼자 살다 보니까 외롭고 힘든 것을 경험 해보고 가족과 함께 살았을때와 차이가 많은 줄 알게 됐다. 예를 들연, 아플때 가족과 함께 있으면 엄마나 아빠가 잘해 준다. 외국에서 아프면 혼스로 약을 먹어야 하고 가족처럼 잘해준 사람이 없다. 그래서 나는 한국에서 몸이 아플때 병때문에 아픈 것

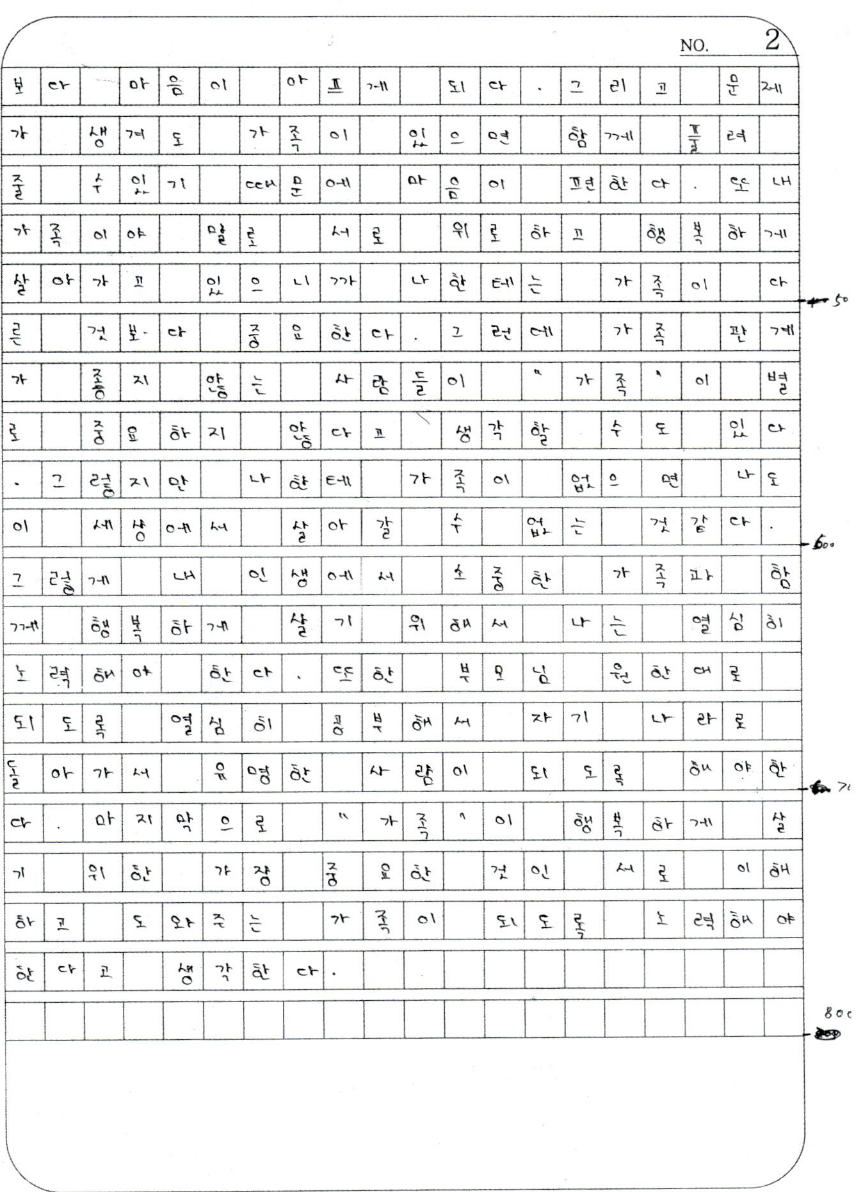

보다 마음이 아프게 되다. 그리고 문제가 생겨도 가족이 있으면 함께 풀려 줄 수 있기 때문에 마음이 편한다. 온 내 가족이야 말로 서로 위로하고 행복하게 살아가고 있으니까 나한테는 가족이 다른 것보다 중요한다. 그런데 가족 관계가 좋지 않는 사람들이 "가족"이 별로 중요하지 않다고 생각할 수도 있다. 그렇지만 나한테 가족이 없으면 나도 이 세상에서 살아갈 수 없는 것 같다. 그렇게 내 인생에서 소중한 가족과 함께 행복하게 살기 위해서 나는 열심히 노력해야 한다. 또한 부모님 원한 대로 되도록 열심히 공부해서 자기 나라로 돌아가서 유명한 사람이 되도록 해야 한다. 마지막으로 "가족"이 행복하게 살기 위한 가장 중요한 것인 서로 이해하고 도와주는 가족이 되도록 노력해야 한다고 생각한다.

실전 모의고사 1회

1	④	11	③	21	②	31	②
2	①	12	②	22	③	32	③
3	②	13	①	23	②	33	①
4	③	14	④	24	④	34	③
5	③	15	②	25	③	35	①
6	④	16	①	26	②	36	②
7	②	17	③	27	①	37	④
8	④	18	②	28	①	38	③
9	①	19	②	29	②	39	③
10	②	20	④	30	③	40	①

[속담풀이]

① 배보다 배꼽이 더 크다: 당연히 작아야 할 것이 오히려 클 때를 비유해서 이르는 말.

② 소 잃고 외양간 고친다: 이미 일이 잘못되고 난 뒤 뉘우쳐도 소용이 없다는 뜻.

③ 원숭이도 나무에서 떨어진다: 아무리 능숙한 사람이라도 실수할 때가 있다는 말.

④ 하룻강아지 범 무서운 줄 모른다: 아직 철이 없어서 아무 것도 모르는 것을 두고 하는 말.

41. 날씨가 추우면(추울수록, 추워지면, 추워질수록) 감기에 걸리기 쉬우니(까)(쉬우므로, 쉬워서, 쉽기 때문에) 조심해야 한다.
    날씨가 추우면(추울수록, 추워지면, 추워질수록) 감기에 걸리기 쉬우니(까)(쉬우므로) 조심하세요.

42. 취직을 할지(할까, 하든, 하든지, 하거나) 유학을 갈지(갈까, 가든, 가든지, 가거나) 결정을 해야 합니다.

43. 중요하기 때문에
    중요한 기능(역할)을 하기 때문에
    중요한 부분(부위)이기 때문에

44. 같은(공통의, 동일한) 신호(언어)를 보낸다는(사용한다는, 이용한다는)

45. 옷을 쉽게(편리하게) 찾을 수 있다.
    옷을 찾기(꺼내기) 쉽다(편리하다).
    옷을 찾을(꺼낼) 때 쉽다(편리하다).

실전 모의고사 2회

1	①	11	②	21	④	31	②
2	④	12	③	22	②	32	②
3	①	13	①	23	④	33	①
4	②	14	①	24	③	34	③
5	③	15	③	25	①	35	①
6	④	16	④	26	②	36	④
7	②	17	③	27	③	37	④
8	④	18	②	28	①	38	③
9	②	19	②	29	④	39	③
10	④	20	④	30	③	40	④

[속담풀이]

① 작은 고추가 더 맵다: 몸집이 작은 사람이 큰 사람보다 재주가 뛰어나고 야무짐을 비유적으로 뜻하는 말.

② 바늘 가는 데 실 간다: 바늘이 가는 데 실이 항상 뒤따른다는 뜻으로, 사람의 긴밀한 관계를 비유적으로 뜻하는 말.

③ 서당 개 삼년에 풍월을 한다: 서당에서 삼 년 동안 살면서 매일 글 읽는 소리를 듣다 보면 개조차도 글 읽는 소리를 내게 된다는 뜻으로, 어떤 분야에 대하여 지식과 경험이 전혀 없는 사람이라도 그 분야에 오래 있으면 얼마간의 지식과 경험을 갖게 된다는 것을 비유적으로 뜻하는 말.

④ 윗물이 맑아야 아랫물도 맑다: 윗사람이 잘하면 아랫사람도 따라서 잘하게 된다는 말.

41. 시계가 고장이 나서 수리를 맡겼는데 비용이 많이 들었다.
    시계가 고장이 났기 때문에 수리를 맡겼는데 비용이 많이 들었다.
    시계가 고장이 나는 바람에 수리를 맡겼는데 비용이 많이 들었다.
    시계가 고장이 나는 통에 수리를 맡겼는데 비용이 많이 들었다.
    시계가 고장이 났기에 수리를 맡겼는데 비용이 많이 들었다.
    시계가 고장이 났길래 수리를 맡겼는데 비용이 많이 들었다.

42. 나도 지금 먹으려던 참이니까 얼른 와서 같이 먹자.
    나도 지금 먹으려고 하는데 얼른 와서 같이 먹자.
    나도 지금 먹으니까 얼른 와서 같이 먹자.
    나도 지금 먹으려는데 얼른 와서 같이 먹자.
    나도 지금 먹는데 얼른 와서 같이 먹자.
    나도 지금 먹을 건데 얼른 와서 같이 먹자.
    나도 지금 먹을 거니까 얼른 와서 같이 먹자.

43. 적게 자는 것

44. 동식물들이(생물들이) 멸종되지(없어지지, 사라지지) 않도록(않게)

45. 지나치게(너무 많이, 아주 많이, 너무, 많이) 뿌리는 것

실전 모의고사 3회

1	④	11	①	21	③	31	③
2	②	12	④	22	①	32	②
3	④	13	②	23	②	33	③
4	③	14	④	24	④	34	④
5	④	15	③	25	②	35	①
6	④	16	②	26	③	36	①
7	①	17	③	27	④	37	②
8	③	18	④	28	②	38	③
9	①	19	②	29	①	39	②
10	③	20	④	30	①	40	①

[속담풀이]

① 웃으면 복이 온다 : 웃음이 보약, 웃는 것이 신체적으로도 좋으며 화도 면할 수 있다는 말.

② 아는 길도 물어 가라 : 아무리 익숙한 일이라도 남에게 물어보고 조심함이 안전하다는 뜻.

③ 웃는 얼굴에 침 못 뱉는다 : 웃는 얼굴로 대하는 사람에게 침을 뱉을 수 없다는 뜻으로, 좋게 대하는 사람에게 나쁘게 대할 수 없다는 말.

④ 호랑이도 제 말 하면 온다 : 이야기하고 있는데 마침 이야기 주인공이 나타났을 때 하는 말로, 그 자리에 사람이 없다고 하여 남의 흉을 함부로 보지 말라는 뜻.

41. 사람을 만나면(만날 때, 만났을 때) 친절하게 말해야(말하면) 기분이 좋습니다

42. 책을 읽으려고(읽기 위해서, 읽고 싶어서, 읽고자) 운전을 하지 않고 지하철을 탑니다.

43. 어릴 적부터(어릴 때부터, 어렸을 적, 어릴 적) 하고 싶던(꿈꾸던, 희망하던, 꿈꿨던, 희망했던) 일

44. 볼(사용할, 이용할, 열어볼, 기억할) 수 있는

45. 변화하는(바뀌는, 변하는, 달라지는, 변화할 수 있는, 변할 수 있는, 바뀔 수 있는, 달라질 수 있는, 다를 수 있는)

	10회	11회	12회	13회	14회	15회
1	-(아)어도	-(아/어) 놓다	-(아/어)야 하다	-(아/어) 보다	-(아/어) 가지고	-(아/어)야 하다
2	-(아/어)다 주다	-(아/어)도 되다	-(아/어)져	-(아/어)지다	-(아/어)서 그런지	-(았/었)다고
3	-(아/어)서	-(아/어)서	-(았/었)다고	-(았/었)다가	-(았/었)더니	-(으)ㄴ 김에
4	-(아/어)야 하다	-(으)ㄴ 것뿐	-(으)ㄹ뻔 하다	-(았/었)다가	-(았/었)던	-(으)ㄴ 듯한
5	-(았/었)더라면	-(으)ㄴ 바람에	-(으)ㄴ 겸에	-(았/었)다고	-(으)ㄴ 대신	-(으)ㄴ 적
6	-(으)ㄴ 가 보다	-(으)ㄴ 반면에	-(으)ㄴ 듯	-(았/었)더니	-(으)ㄴ 데다가	-(으)ㄴ 척
7	-(으)ㄴ 것 같다	-(으)ㄴ 셈	-(으)ㄴ 셈	-(으)ㄴ 길에	-(으)ㄴ 반면에	-(으)ㄴ 탓에
8	-(으)ㄴ 길에	-(으)ㄴ 체	-(으)ㄴ 줄 모르다	-(으)ㄴ 김에	-(으)ㄴ 법	-(으)ㄴ편
9	-(으)ㄴ 편	-(으)ㄴ 탓에-	-(으)ㄴ 채로	-(으)ㄴ 데다가	-(으)ㄴ 셈	-(으)ㄹ 리 없다
10	-(으)ㄴ데도	-(으)ㄴ다 싶어	-(으)ㄴ 척	(으)ㄴ 말고	-(으)ㄴ 줄 알다	-(으)ㄹ 리가 없다
11	-(으)ㄹ 것	-(으)ㄴ데도	-(으)ㄴ지 말든지	-(으)ㄴ 법	-(으)ㄴ 척	-(으)ㄹ 만하다
12	-(으)ㄹ 뻔하다	-(으)ㄹ 거야	-(으)ㄹ 건지	-(으)ㄴ 셈	-(으)ㄴ 통에	-(으)ㄹ 뻔하다
13	-(으)ㄹ 뿐	-(으)ㄹ 걸	-(으)ㄹ 것 같다	-(으)ㄴ 채로	-(으)ㄴ 한	-(으)ㄹ 뿐
14	-(으)ㄹ 수 없다	-(으)ㄹ 것 같다	-(으)ㄹ 김에	-(으)ㄴ 편	-(으)ㄴ커녕	-(으)ㄹ 수 없다
15	-(으)ㄹ 줄 모르다	-(으)ㄹ 까 봐	-(으)ㄹ 까 보다	-(으)ㄴ커녕	-(으)ㄹ 게 뻔하다	-(으)ㄹ 지경
16	-(으)ㄹ 텐데	-(으)ㄹ래야	-(으)ㄹ 리 없다	-(으)ㄹ 것 같다	-(으)ㄹ 겸	-(으)ㄹ 테니까
17	-(으)ㄹ까 말까	-(으)ㄹ 만큼	-(으)ㄹ 만 하다	-(으)ㄹ 때	-(으)ㄹ 리가 없다	-(으)ㄹ락 말락
18	-(으)ㄹ지도	-(으)ㄹ 법	-(으)ㄹ 법	-(으)ㄹ 만큼	-(으)ㄹ 모양	-(이)나마
19	-(으)려고	-(으)ㄹ 정도	-(으)ㄹ 정도로	-(으)ㄹ 만해서	-(으)ㄹ 뿐	-(이)라도
20	-(으)로서	-(으)ㄹ 지	-(으)ㄹ 줄	-(으)ㄹ 뻔하다	-(으)ㄹ 수도	-(이)야말로
21	-(으)로서	-(으)ㄹ까 봐	-(으)ㄹ 틈	-(으)ㄹ 뿐	-(으)ㄹ 수도 없다	-거든
22	-(으)면	(으)ㄹ수 밖에	-(으)ㄹ수 있을지	-(으)ㄹ 뿐만 아니라	-(으)ㄹ까 봐	-고 나서
23	-(이)나마	-(으)려고	-(으)로 부터	-(으)ㄹ 수 있게	-(으)ㄹ래	-기에는
24	-(이)라도	-(이)야말로	-(으)로 인해	-(으)ㄹ 수 있다	-(으)ㄹ지도 모르다	-길래
25	-(이)면서	-거니까	-거나	-(으)ㄹ 정도로	-(으)려고	까짓
26	-거나	-거든	-거든	-(으)ㄹ 지	-(으)려다가	-나마나
27	-거든	-게	-게 하다	-(으)ㄹ 테니까	-(으)려던 참	-느냐고
28	-게 해서	-고 나서	-고	-(으)ㄹ 텐데	-(으)로 인해서	-느라고
29	-겠다고	-고 보면	-고 하다	-(으)ㄹ지	-(이)라서	-는 둥 마는 둥
30	-고 나면	-고는	-기도	-(으)려던 참에	-(이)라야	-니까

	10회	11회	12회	13회	14회	15회
31	-고 말다	-고도	-기보다는	-(으)면 되다	-(이)야	-다 보니
32	-기 보다(는)	-기 전	-길래	-(이)나 되다	-(이)야말로	-다 보니
33	-기 위해	-기는요	-나마나	-(이)야말로	-거든	-다거나
34	-기 전에	-기는요	-느냐고	-겠다고	-게 되다	-다면
35	-기로	-기만 하다	-느라고	-고 말고	-겠던	-다시피
36	-기로 되다	-기에	-는 대로	-고 하다	-고 말다	-더니
37	-기를	까지도	-는 바람에	-기에	-고 해도	-더니
38	-기를 바라다	-ㄴ 셈	-는데도	-기에	-고자	-더라고
39	-ㄴ 적(도)	-ㄴ 편	-더니	-나마나	-기 마련	-더라고
40	-느라고	-나 보다	-더라니	-느냐고	-기는	-더라도
41	-는커녕	-나마나	-더라도	-느라고	-기만 하다	-던 참
42	-니까	-는 김에	-던데	는 것 같다	-나 마나	-던가
43	-다 보니	-는 대신에	-도록	-는 바람에	-느니	-던데
44	-다가	-는 동안	-든지	-다고 해도	-다 보니	-던데
45	-다가는	-는 둥 마는 둥	-라고	-다기에	-다고	-던지
46	-다면	-니까	-라서	-더니	-다고 하다	-데다가
47	-다지만	-다 보니	-려고	-더라고	-다면서	-든지 말든지
48	-더니	-다면서	마저	-더라면	-더라도	-라서
49	-더라도	-다시피	-면	-도록	-더러	려고 하다
50	-던데	-더니	부터	-라고 생각하다	-던데	-려니
51	-도록	-더라고요	-에 따라	-러 가다	-듯이	만큼
52	-든지 말든지	-데다가	-에 비해	-려다가	-라고 하다	-면 -(으)ㄹ수록
53	-듯이	든지	-자고	마저	마저	-면서도
54	-ㄹ 거예요	-든지	조차	만큼	만큼은	-봤자
55	-ㄹ수록	-든지	-지 않다	보다 많다	-면 해서	-에다가
56	-려고 하다	-듯이	-지 않다	-지만	-에 대해서	-자
57	-려면	때문에	치고	치고	-에 따라서	-자마자
58	마저	-려다가	-해 보다		-을 통해서	-자면
59	-봐도	만큼은			조차	조차

10-15회 기출 문법 및 속담 목록

	10회	11회	12회	13회	14회	15회
60	-봐야	-말고요			치고는	치고
61	-봤자	-면				
62	-서는	-면서				
63	-에 비해	밖에는				
64	-에다가	뿐만 아니라				
65	-을 거야	-야지				
66	-이지	-에 대하여				
67	-자마자	조차				
68	-지 않다	-지 않다				
69	치고	-테니				

속담

우물 안 개구리	그림의 떡	꿩 대신 닭	시작이 반	발 없는 말이 천 리 간다	시간은 금
땅 짚고 헤엄치기	갈수록 태산	갈수록 태산	산 넘어 산	호랑이도 제 말 하면 온다	그림의 떡
하늘의 별 따기	싼 게 비지떡	싼 게 비지떡	식은 죽 먹기	말 한 마디로 천 냥 빚 갚는다	시간이 약
밑 빠진 독에 물 붓기	모르는 게 약	가는 날이 장날	티끌 모아 태산	가는 말이 고와야 오는 말이 곱다	싼 게 비지떡

문항번호	10회 주제 유형	10회 텍스트 유형	11회 주제 유형	11회 텍스트 유형	12회 주제 유형	12회 텍스트 유형
1	일상생활	대화문	일상생활	대화문	일상생활	대화문
2	일상생활	대화문	일상생활	대화문	일상생활	대화문
3	일상생활	대화문	일상생활	대화문	일상생활	대화문
4	일상생활	대화문	사회	대화문	일상생활	대화문
5	일상생활	대화문	일상생활	대화문	일상생활	대화문
6	일상생활	대화문	일상생활	대화문	일상생활	대화문
7	문화	안내문	여가활동	안내문	여가활동	광고
8	문화	안내문	문화	광고	문화	광고
9	일상생활	설명문	과학	설명문	건강	설명문
10	여가활동	설명문	교육	주장하는 글	교육	주장하는 글
11	기타	기타	일상생활	기타	일상생활	기타
12	일상생활	기타	일상생활	기타	일상생활	기타
13	일상생활	설명문	기타	경수필	과학	주장하는 글
14	기타	경수필	과학	주장하는 글	사회	주장하는 글
15	일상생활	경수필	교육	주장하는 글	철학	주장하는 글
16	일상생활	기타	기타	기타	기타	기타

문항번호	13회 주제 유형	13회 텍스트 유형	14회 주제 유형	14회 텍스트 유형	15회 주제 유형	15회 텍스트 유형
1	문화	대화문	일상생활	대화문	기타	대화문
2	일상생활	대화문	일상생활	대화문	교육	대화문
3	일상생활	대화문	일상생활	대화문	교육	대화문
4	일상생활	대화문	일상생활	대화문	사회	대화문
5	문화	대화문	일상생활	대화문	기타	대화문
6	일상생활	대화문	일상생활	대화문	일상생활	대화문
7	여가활동	광고	일상생활	안내문	일상생활	안내문
8	경제,경영	안내문	일상생활	안내문	사회	안내문
9	과학	설명문	문화	설명문	사회	설명문
10	사회	설명문	경제, 경영	설명문	과학	설명문
11	일상생활	기타	일상생활	생활문	일상생활	기타
12	일상생활	기타	여가활동	생활문	일상생활	기타
13	경제, 경영	주장하는 글	교육	설명문	과학	설명문
14	철학	주장하는 글	과학	설명문	경제,경영	설명문
15	사회	주장하는 글	기타	설명문	철학	주장하는 글
16	일상생활	기타	기타	기타	일상생활	기타

[유형 3 실전문제 2회 1번]
http://blog.naver.com/gys4112?Redirect=Log&logNo=20067936840

[유형 7 기출문제 1회 1번]
『한국교육과정평가원』TOPIK정답지

[유형 7 기출문제 2회 1번]
『한국교육과정평가원』TOPIK정답지

[실전모의고사 1회 13번]
http://er.asiae.co.kr/erview.htm?idxno=2009090815511242429

[실전모의고사 1회 14번]
http://news.naver.com/main/ranking/read.nhn?mid=etc&sid1=111&rankingType=popular_day&oid=296&aid=0000003845&date=20090913&type=1&rankingSeq=7&rankingSectionId=105

[실전모의고사 1회 15번]
http://blog.naver.com/zayoo_atom?Redirect=Log&logNo=130044437083

[실전모의고사 2회 9번]
http://news.chosun.com/site/data/html_dir/2009/07/14/2009071401842.html

[실전모의고사 2회 10번]
http://article.joins.com/article/article.asp?Total_ID=3768195

[실전모의고사 2회 14번]
http://news.naver.com/main/read.nhn?mode=LSD&mid=sec&sid1=001&oid=001&aid=0002367036&

[실전모의고사 3회 9번]
http://news.kukinews.com/article/view.asp?page=5&gCode=lif&arcid=0921340409&code=14120000

[실전모의고사 3회 10번]
http://www.godowon.com/last_letter/view.gdw?no=2459

매콤 새콤 달콤 셰프 한국어

TV CF 속 맛있는 광고로 한국어를 쉽게 배운다!

- 초보 교사뿐만 아니라 해외의 한국어 교사들에게 직접적인 도움이 될 수 있도록
  교안과 수업 방법, 필요 문법 사항과 연습 문제, 음식 문화에 관한 전반적인 지식, 활동 자료
  그리고 직접 만들어 볼 수 있는 한국요리에 대한 조리법까지 함께 묶었습니다.

- 한국어 학습자가 높은 관심을 보이는 '한국 음식'을 소재로 하여 바로 꺼내 쓸 수 있는
  워크시트 (연습장) 형식으로 제작함으로써 초급부터 고급까지 학습자의 수준에 맞게 활용할 수 있습니다.

- 멀티미디어 강의 교재로써 수업의 도입 부분에 실제 TV광고 (CD-ROM)를
  이용하여 학습자의 한국어 학습의 동기 유발을 도울 뿐만 아니라 광고라는
  특성상 반복적으로 이용할 수 있고 교육적인 효과를 충분히 기대할 수 있습니다.

- 한국어 교사의 편리성을 고려하여 수업 유형별로 교안과 교사용 TIP을
  자세히 담은 교사용 지침서를 준비하였습니다.

천성옥 저
값 29,000원 (교사용 자료집+학생용 워크시트+광고 동영상 CD-ROM 1장)